Au-delà de l'Apocalypse

Catalogage avant publication de Bibliothèque et Archives nationales du Québec
et Bibliothèque et Archives Canada

Prévost, Jean-Pierre, 1947-
Au-delà de l'Apocalypse
Comprend des réf. bibliogr. et un index.
ISBN 978-2-89646-200-1
1. Bible. N.T. Apocalypse - Commentaires. I. Landry, Gabriel, 1950-. II. Titre.
BS2825.53.P73 2010 228'.07 C2010-941288-5

Dépôt légal – Bibliothèque et Archives nationales du Québec, 2010
Bibliothèque et Archives Canada, 2010

Révision : Pierre Guénette
Mise en pages et couverture : Mardigrafe
Photographie des tableaux : Rosaire Godin

Nous reconnaissons l'aide financière du gouvernement du Canada par l'entremise du Programme d'aide au développement de l'industrie de l'édition (PADIÉ) pour nos activités d'édition.

Cet ouvrage a été publié avec le soutien de la SODEC. Gouvernement du Québec – Programme de crédit d'impôt pour l'édition de livres – Gestion SODEC.

NOVALIS
4475, rue Frontenac, Montréal (Québec) H2H 2S2
C.P. 990, succursale Delorimier, Montréal (Québec) H2H 2T1
Téléphone : 514 278-3025 – 1 800 668-2547
sac@novalis.ca
www.novalis.ca

Imprimé au Canada

Offert en version numérique
numérique
978-2-89646-787-7
www.novalis.ca

Au-delà de l'Apocalypse

JEAN-PIERRE PRÉVOST – GABRIEL LANDRY
Liminaire de JACQUES BRAULT

NOVALIS

Liminaire

CLAIR COMME LA NUIT

Et s'il valait mieux lire l'*Apocalypse* comme on lit un poème, un puissant poème d'esprit et d'allure épiques, disons à la ressemblance, peut-être lointaine mais réelle, de l'*Iliade*, de l'*Énéide*, de la *Divine Comédie*, trois épopées fondatrices de la conscience occidentale? Ah... je dois rêver en couleur et surtout négliger l'appartenance biblique de l'œuvre qu'un certain Jean de Patmos aurait écrite pour rendre témoignage de « ce qui doit arriver au plus tôt » : la venue du Christ en gloire.

Mais l'inspiration théologique, pourquoi exclurait-elle *de facto* ce qu'on tient pour inspiration poétique? On voit qu'au Livre des livres les poèmes ne manquent pas, on songe aux *Psaumes*, au *Cantique*, à *Qohélet*, aux *Lamentations*, on se persuade que toute vie spirituelle en son mystère de perdition et de salut a lieu dans un monde où sont inséparables terre et ciel, le visible et l'invisible de ce qui est.

Considérant d'une part les tableaux de Gabriel Landry, leur construction rigoureuse et leur imagerie flamboyante, et d'autre part les textes libres et poétiquement motivés de Jean-Pierre Prévost, qui parviennent à créer les résonances d'un accompagnement personnel, je me sens moins seul dans ma lecture risquée de l'*Apocalypse*. On aura beau parler de révélation, de dévoilement, ou même à la limite de « découvrement », il n'en reste pas moins que l'exégèse peine toujours à établir *un* sens canonique qui puisse dissiper à jamais l'ombre dense dont s'enveloppent les divers symboles du texte.

À ce sujet, la tradition a incliné la lecture de l'*Apocalypse* vers une espèce de fatalisme de l'*insignification* (si on me permet ce néologisme laborieux). En exagérant à peine, on croirait qu'il en va de la portée de l'*Apocalypse* comme de l'aventure humaine qui, selon le Shakespeare de *Macbeth*, « est une histoire pleine de bruit et de fureur racontée par un idiot, et qui ne signifie rien ». Le témoignage de Jean se calque sur le témoignage du Christ en toute intelligence prophétique ; les dérives du non-sens pathologique et de son insignifiance consécutive n'ont certes rien à y voir. Et c'est à bon escient que, depuis des siècles et des siècles, on cherche à établir une satisfaisante explication d'un texte mystérieux. En vain : l'*Apocalypse* fait appel à l'imagination affective plutôt qu'à la raison raisonnante, mais sans exclure celle-ci. Adhésion n'est pas aveuglement.

Je relis encore une fois ce beau livre où en effet il y a beaucoup de bruit et de fureur. Et aussi de douceur, de silence. Et enfin d'espérance : « Voici : je crée toutes choses nouvelles. » Ce qui est l'œuvre de la poésie même, la poésie pure, elle qui ne se dote ni d'esthétique, ni de philosophie, et pas davantage de logique et de grammaire, qui, ne disant rien de rien, ne va nulle part, étant déjà plénitude.

Dans la mesure où il tient de cet idéal, où il l'accomplit formellement, le langage de l'*Apocalypse* est poème. Cependant, ne nous illusionnons pas, me dis-je en aparté. Car, nous avons fini par l'apprendre, la poésie pure n'existe pas de même que le poème qui serait poème de part en part. L'écriture poétique dit toujours quelque chose à propos de quelque chose, et c'est à partir de cette double « impureté » qu'a chance de se manifester la poésie d'un poème. L'*Apocalypse* ne fait pas exception à cette règle d'usage. D'autant moins que son rédacteur vise essentiellement au témoignage ; il y insiste au début et à la fin de son ouvrage dont le style, si dramatique soit-il par endroits, reste assertif.

Il faut ici se pénétrer de la profondeur du témoignage apocalyptique que rapporte Jean : du Christ ressuscité aux innombrables martyrs (ou témoins), et par le relais des anges (ou messagers), l'annonce de la formidable nouvelle établit son authenticité et sa véracité par le dévoilement même, on dirait volontiers « à la lettre », et pour être crue « sur parole ». Or, c'est exactement ce que fait le poème et ce qu'il demande au lecteur. Implicitement ou explicitement, il affirme en autorité, n'ayant cure ni de prouver ou de référer à ce qu'on voudra, ni d'enseigner, de décrire, de narrer. On lit un poème uniquement comme il est écrit, littéralement. Dans les deux cas, poème et *Apocalypse*, il y a acte de foi de la part du lecteur donné à sa lecture.

Toutefois, on aura vite réagi là contre, les choses ne sont pas si simples. Au goût du sens commun, l'écrit de Jean et, par exemple, le *Cygne* de Mallarmé ne pèchent pas par excès de limpidité. Dans le livre biblique, la révélation s'entoure de brouillard, on n'a pas un accès immédiat au sens dévoilé, on reste loin du compte, on se sent privé de significations fermes et fiables. La foi est difficile face à l'impur ; le doute la taraude et l'affaiblit. Tout cela n'est décidément pas clair comme le jour... Quant au poème de Mallarmé, le lecteur subtil perçoit que tel et tel mots changent de timbre, de tonalité, en partie de signification selon le rythme, la rhétorique, la métrique, et un imprévisible usage de la langue. Là aussi, le sens proprement poétique nous échappe en bonne partie.

Alors, à quoi bon dissiper une obscurité pour se retrouver devant une obscurité ? Je sais, nous tenons à comprendre les choses. Avec raison. Mais cette intelligence manque à elle-même, renonce à sa pleine perspicacité quand elle se refuse à la clairvoyance naïve qui consiste, au cours de la lecture d'un poème, à s'abandonner d'abord et de façon durable à la lettre, à ce qu'il y a de plus superficiel dans un texte. C'est ainsi, je crois, par le chemin le plus humble, qu'on s'accorde la possibilité d'avancer dans la nuit du sens, en toute confiance — et sans demander la lune. Il suffit, c'est le plus exigeant, de rester disponible à l'incroyable : « Moi, celui qui a soif, je lui donnerai à boire la source des eaux de la vie, gratuitement. » En se fiant à cette parole, et sans réserve aucune, sans recherche d'un *arrière-sens* qui finalement serait compatible avec les besoins du bon sens. La foi inqualifiable me jette ailleurs, m'altère, me remodèle en folle espérance que toute figure (y compris la figure poétique, bien entendu) soit une indication discrète et instrumentale de la voie énigmatique vers le Sans-Figure. Tout poème, à travers son propos plus ou moins évident, requiert une foi semblable par analogie. Je m'interroge : est-ce clair ? Oui, comme la nuit.

Jacques Brault

Introduction

L'*Apocalypse* est un livre fascinant et rempli de mystère. Il offre au voyageur qui veut bien s'y aventurer une multitude de sentiers qui invitent à l'exploration avec, à la clef, une promesse immanquable de dépaysement total.

Gabriel Landry, artiste et peintre québécois, s'est un jour risqué dans l'un de ces multiples sentiers. L'aventure est devenue persévérance, et l'artiste a choisi de nous livrer ses notes d'excursion au pays de l'*Apocalypse* sous forme de 22 tableaux correspondant à chacun des chapitres du livre biblique.

Nos parcours se sont croisés en avril 2002 au moment où Gabriel Landry avait déjà produit 7 tableaux. À la suggestion d'un ami peintre, il m'avait alors contacté pour s'informer des avancées de la recherche biblique sur l'*Apocalypse* et pour valider sa démarche et son itinéraire. D'emblée, je me réjouissais déjà de voir qu'un artiste québécois pouvait s'intéresser à l'*Apocalypse* et mettre en images ce livre qui était devenu au fil des ans l'objet principal de ma recherche et de mes publications.

Les premiers tableaux de Gabriel Landry m'ont vite séduit par la capacité de l'artiste d'extraire de chacun des chapitres de l'*Apocalypse* un nombre important de symboles, et tout comme l'auteur biblique, de les agencer à la fois dans une géométrie savante et dans un mouvement qui mène vers un ailleurs que l'artiste définit comme un « au-delà de l'*Apocalypse* ».

Mais l'artiste était à peine au tiers du parcours vers son objectif final, et les défis ainsi que les embûches pouvaient surgir à tout instant. Qu'à cela ne tienne ! La « persévérance », si chèrement recommandée par Jean de Patmos à ses lecteurs, est justement l'une des principales forces de Gabriel Landry. En décembre 2007, il signait son vingt-deuxième et dernier tableau sur l'*Apocalypse* et présentait, en 2008, l'intégrale de l'œuvre dans deux expositions publiques majeures à Montréal.

Ensemble et de concert avec l'éditeur, nous nous sommes maintes et maintes fois interrogés sur les suites à donner à la création de cette œuvre picturale. C'est ainsi que l'idée d'une « *Apocalypse* à quatre voix » – celles de l'auteur biblique, de l'artiste peintre, de l'exégète et du poète – s'est vite imposée à nous pour ne jamais nous quitter.

La première de ces quatre voix, que les trois autres ont pour mission de répercuter et d'actualiser, est bien entendu celle de l'auteur biblique du Ier siècle de notre ère. Ce génie a su, mieux que tout autre, investir le langage des images et des symboles de sa foi puissante au Christ ressuscité et de son espérance courageuse en l'avènement d'une création nouvelle. On pourra entendre cette première voix dans son intégralité selon la nouvelle traduction (Bayard-Médiaspaul, 2001), que j'ai faite conjointement avec le poète Jacques Brault, dont la renommée n'est plus à faire. Je le remercie vivement pour l'honneur et le bonheur qu'il nous fait de signer le liminaire de cet ouvrage.

La deuxième voix est celle de l'artiste qui a su trouver son chemin dans une œuvre qui éblouit et sollicite le regard par l'exubérance aussi bien que par l'audace de ses images et de ses symboles. Même si nous avons beaucoup échangé sur le texte de l'*Apocalypse*, Gabriel Landry l'a défriché pour ainsi dire à mains nues, en suivant sa propre sensibilité d'artiste et en faisant lui-même le choix des éléments qu'il allait retenir pour produire ses tableaux.

La troisième voix, la mienne, est celle d'un exégète venu à l'*Apocalypse* par des chemins improbables, mais irrésistibles et périodiquement revisités. Il apparaissait toutefois que le style de livre projeté et de public visé appelait une approche autre que celle de l'exégèse pure et dure, déjà amplement et superbement représentée dans une kyrielle d'études plus érudites les unes que les autres. C'est la voix qu'on entendra dans la deuxième partie de l'ouvrage, consacrée à la symbolique de l'*Apocalypse* et déclinée selon un abécédaire comprenant quarante entrées individuelles.

Il fallait aussi risquer une parole neuve – la quatrième voix –, qui soit inspirée des trois premières et leur soit accordée. Le défi était grand là aussi, mais ne s'avérait rien de moins que grisant et proprement inspirant. Jamais ce texte biblique si souvent lu et relu ne m'aura paru aussi contemporain et ne m'aura poussé aussi loin dans mes retranchements intérieurs pour faire naître une écriture qui jusque-là m'était demeurée étrangère. En fin de parcours, il nous est apparu que cette voix, appelée ici « résonances », devait faire corps avec les deux premières, soit le texte biblique et les tableaux de l'artiste.

Puisse cet ensemble, unique en son genre, répondre aux interrogations, nombreuses il faut le dire, des lecteurs et lectrices de l'*Apocalypse* et contribuer à une lecture fructueuse et sereine d'un livre biblique si souvent jugé difficile et sombre.

Gabriel et moi tenons à remercier l'éditeur Novalis qui a cru en notre projet. Nous tenons à remercier tout particulièrement Yvon Métras, directeur de l'édition (livre français) chez Novalis, pour son intérêt constant dans le projet et pour en avoir accompagné toutes les phases avec la plus grande ouverture et un soutien de tous les instants.

Jean-Pierre Prévost

PREMIÈRE PARTIE

Résonances

Chapitre 1

Ouverture

Dévoilement de Jésus Christ : Dieu le lui confia pour montrer à ses serviteurs ce qui doit arriver au plus vite ; il le signifia par son messager envoyé à Jean son serviteur, lequel a attesté comme parole de Dieu et témoignage de Jésus Christ tout ce qu'il a vu.

Heureux celui qui donne lecture et ceux qui écoutent les paroles de la prophétie et qui gardent les choses qui y sont écrites car le moment, oui, est proche.

Jean, aux sept communautés d'Asie : Grâce et paix à vous, de la part de Celui qui est et qui était et qui vient, et des sept souffles qui sont en face de son trône, et de la part de Jésus Christ, le témoin, le crédible, le premier-né d'entre les morts, le chef des rois de la terre. À lui qui nous aime et nous délia de nos fautes dans son sang, et qui fit de nous un royaume et des prêtres pour son Dieu et Père, à lui la gloire et le pouvoir pour les éternités des éternités. Amen. Voici : il vient sur les nuages et tout oeil le verra, même ceux qui l'ont transpercé ; elles se frapperont la poitrine en le voyant, toutes les tribus de la terre. Oui, amen.

Moi, je suis l'Alpha et l'Oméga, dit le Seigneur Dieu, Celui qui est et qui était et qui vient, le Puissant-sur-tout.

Moi, Jean, votre frère et votre compagnon dans l'oppression et la royauté et dans la résistance en Jésus, je me suis trouvé en l'île qu'on appelle Patmos, à cause de la parole de Dieu et du témoignage de Jésus. Je fus inspiré au jour du Seigneur et j'entendis derrière moi une grande voix telle une trompette : « Ce que tu vois, commence à l'écrire dans un volume et envoie-le aux sept communautés : à Éphèse, à Smyrne, à Pergame, à Thyatire, à Sardes, à Philadelphie, à Laodicée. »

Je me retournai pour voir la voix qui me parlait, et m'étant retourné j'aperçus sept lampadaires d'or et au milieu des lampadaires une sorte de fils d'homme revêtu jusqu'aux pieds d'une tunique serrée à la poitrine par une ceinture d'or. Sa tête et ses cheveux étaient blancs comme laine blanche et comme neige, ses yeux comme flamme de feu, ses pieds semblables à du bronze affiné en fournaise ardente, et sa voix comme voix des eaux multiples ; il tenait dans sa main droite sept étoiles et de sa bouche sortait un glaive acéré à double tranchant et son visage était comme un soleil qui brille de tout son éclat. En le voyant, je tombai à ses pieds comme mort ; il mit sa main droite sur moi, disant :

« Ne crains plus ; moi, je suis le premier et le dernier, et le vivant, et je fus mort, et voici : je suis vivant pour les éternités des éternités et je détiens les clés de la mort et de l'Hadès. Commence donc à écrire ce que tu as vu et qui est et qui doit arriver après. Quant au mystère des sept étoiles que tu as vues dans ma main droite et aux sept lampadaires d'or : les sept étoiles sont les messagers des sept communautés et les sept lampadaires sont les sept communautés.

… j'aperçus sept lampadaires d'or et au milieu des lampadaires une sorte de fils d'homme revêtu jusqu'aux pieds d'une tunique serrée à la poitrine par une ceinture d'or… Sa tête et ses cheveux étaient blancs comme laine blanche et comme neige…

… il tenait dans sa main droite sept étoiles et de sa bouche sortait un glaive acéré à double tranchant et son visage était comme un soleil qui brille de tout son éclat.

PRINCE DE LA LUMIÈRE

Huile sur toile 51 cm x 61 cm

Le rideau se lève.
Sur fond de noirceur et de désespérance,
un horizon se dessine, encore imprécis,
mais précurseur d'aube et porteur d'espérance.

À travers les nuées gorgées du sang des martyrs,
une figure surgit, mystérieuse et resplendissante :
c'est Lui, le Vivant, revenu du pays des morts
vainqueur de la haine et de l'arrogance.

Oui, Il vient du plus profond de l'histoire humaine.
Oui, Il vient du sommet des hauteurs célestes.
Oui, Il marche au milieu de nous au cœur * actualité
de la grande épreuve.

Ouverture

Il est le Verbe de Dieu.
Ses mots sont d'épée et de flammes.
Ils transpercent le cœur et mettent à nu les pensées.
Ils illuminent le regard et réchauffent l'âme.
Ses premiers mots sont pour bannir toute peur
et pour annoncer le triomphe de la vie sur la mort :
« *Ne crains plus ; moi, je suis le premier*
et le dernier, et le vivant » (1, 18).
L'heure n'est plus à la sombre désespérance,
mais à la sereine et bienheureuse vigilance.

Ô bonheur de qui s'expose à son regard !
Ô bonheur de qui entend sa parole !
Ô bonheur de qui marche à sa suite !

Chapitre 2
Interpellations

Au messager de la communauté d'Éphèse, écris : Il dit ceci, celui qui tient ferme les sept étoiles dans sa main droite, celui qui marche au milieu des sept lampadaires d'or. Je connais tes oeuvres, ton labeur, ta résistance, je sais que tu ne peux supporter les méchants et que tu as éprouvé ceux qui se prétendent envoyés mais ne le sont pas, et tu as trouvé en eux des menteurs ; et tu résistes et tu as supporté à cause de mon nom et tu ne t'es pas lassé. Mais j'ai contre toi : ton amour, le premier, tu l'as abandonné. Rappelle-toi donc d'où tu es tombé, fais retour, reprends tes premières oeuvres ; sinon, je viens contre toi et j'ôterai ton lampadaire de son lieu si tu ne fais pas retour. Mais tu as pour toi de haïr les actions des nicolaïtes comme moi aussi je les hais.

Qui a des oreilles, qu'il écoute ce que le souffle dit aux communautés ; au vainqueur je donnerai à manger de l'arbre de la vie, celui qui est dans le paradis de Dieu.

Au messager de la communauté de Smyrne, écris : Il dit ceci, le Premier et le Dernier, qui fut mort et qui vit. Je connais ton oppression et ta pauvreté – mais tu es riche – et je sais le blasphème de ceux qui se prétendent juifs et ne le sont pas, eux qui sont la synagogue de l'Adversaire. Donc, ne crains plus ce que tu vas souffrir. Voici : le Diviseur va jeter certains d'entre vous en prison pour que vous soyez mis à l'épreuve, et vous serez opprimés pendant dix jours. Deviens fidèle jusqu'à la mort, et je te donnerai la couronne de la vie. Qui a des oreilles, qu'il écoute ce que le souffle dit aux communautés ; le vainqueur, jamais la seconde mort ne l'atteindra.

Au messager de la communauté de Pergame, écris : Il dit ceci, celui qui détient le glaive acéré à double tranchant. Je sais où tu habites, là où se trouve le trône de l'Adversaire ; et tu gardes mon nom, et tu n'as pas renié ma foi, même aux jours d'Antipas, mon témoin, mon fidèle, lui qui a été tué chez vous, là où l'Adversaire habite. Mais j'ai quelque chose contre toi : tu tolères chez toi des adeptes de l'enseignement de Balaam, qui a enseigné à Balaq à tendre un piège devant les fils d'Israël pour qu'ils mangent des viandes offertes aux idoles et qu'ils se prostituent; ainsi tolères-tu toi aussi des adeptes de l'enseignement des nicolaïtes. Fais donc retour; sinon je viens vite contre toi et je leur ferai la guerre avec le glaive de ma bouche.

Qui a des oreilles, qu'il écoute ce que le souffle dit aux communautés; au vainqueur je donnerai de la manne, la cachée, et je lui donnerai un caillou blanc et sur le caillou je graverai un nom nouveau que ne connaît personne sauf celui qui le reçoit.

Au messager de la communauté de Thyatire, écris : Il dit ceci, le fils de Dieu, celui qui a les yeux comme flamme de feu et les pieds semblables à du bronze affiné. Je connais tes oeuvres, ton amour, ta foi, ton service, ta résistance, et tes oeuvres récentes sont plus nombreuses que les anciennes. Mais j'ai contre toi que tu laisses faire la femme Jézabel qui se prétend prophétesse, et en les trompant enseigne à mes serviteurs à se prostituer et à manger des viandes offertes aux idoles; je lui ai laissé le temps de faire retour et elle ne veut pas se détourner de sa prostitution. Voici : je la jette sur un lit, et ceux qui se souillent avec elle, je les jette dans une grande oppression s'ils ne se détournent pas de ses actions; et ses enfants, je les tuerai de mort. Toutes les communautés apprendront que je suis, moi, celui qui scrute les reins et les coeurs, et je rendrai à chacun de vous selon ses oeuvres. Mais je vous dis, les autres à Thyatire, vous qui ne suivez pas cet enseignement, qui n'êtes pas pénétrés des profondeurs de l'Adversaire, comme ils disent, non, je ne jette pas d'autre fardeau sur vous; mais ce que vous avez, retenez-le jusqu'à ce que je sois arrivé.

Le vainqueur, celui qui garde mes oeuvres jusqu'au bout, je lui donnerai un pouvoir sur les nations et il les fera paître avec un sceptre de fer comme on écrase des vases d'argile; comme moi aussi j'ai reçu de mon Père, je lui donnerai l'étoile, celle du matin. Qui a des oreilles, qu'il écoute ce que le souffle dit aux communautés.

... celui qui tient ferme les sept étoiles dans sa main droite,

celui qui marche au milieu des sept

lampadaires d'or.

... au vainqueur je donnerai à manger de l'arbre de la vie,

celui qui est dans le paradis de Dieu.

USUFRUIT

Huile sur toile 61 cm x 51 cm

Ainsi parlait, ainsi parle et ainsi parlera
le Témoin, le Véridique
le Premier et l'Unique
Seigneur des Églises et de l'Histoire.
Ainsi parle Celui que nulle mort ne saurait enserrer,
Lui, le Dernier et le Toujours À-venir

Sa voix retentit au cœur de cités glorieuses
– Éphèse, Smyrne, Pergame, Sardes, Philadelphie, Laodicée,
comme au sein de cités sans histoire, telle l'humble Thyatire.
Obscures ou renommées, ces sept cités portent
ensemble l'avenir des Églises.
Ce que le Témoin « souffle » à l'une d'elles
doit être entendu par toutes :
« *Qui a des oreilles, qu'il écoute ce que le souffle*
dit aux communautés » (2, 7.11.17...).

Interpellations

Ses mots sont de conversion et de consolation,
de contestation et d'approbation.
Sa parole est blessure vive et promesse infinie.
Il sait les œuvres qui portent son empreinte
et sont animées de son souffle.
Mais Il sait aussi les replis et les écarts,
les querelles et les divisions
qui font ombrage à son Évangile de feu et de lumière,
de joie et de réconciliation.

« *Rappelle-toi... fais retour...* »
Entre douceur et exigence,
« *Celui qui tient ferme les sept étoiles dans sa main droite,*
Celui qui marche au milieu des sept lampadaires d'or » (2, 1),
trace un chemin d'avenir pour ses Églises,
un chemin d'espoir pour l'avenir du monde.

Chapitre 3

Promesses

Au messager de la communauté de Sardes, écris : Il dit ceci, celui qui a les sept souffles de Dieu et les sept étoiles. Je connais tes oeuvres ; tu as renommée de vivre, et tu es mort. Deviens vigilant et affermis le reste qui devait mourir, car je n'ai pas trouvé tes oeuvres accomplies devant mon Dieu. Rappelle-toi donc comment tu as reçu et entendu ; garde, et fais retour. Si tu ne veilles pas, j'arriverai comme un voleur et tu ne sauras pas à quelle heure j'arriverai contre toi. Mais tu as quelques personnes à Sardes qui n'ont pas sali leurs vêtements et ils marcheront avec moi habillés de blanc, car ils en sont dignes. Le vainqueur ainsi sera habillé de vêtements blancs et je n'effacerai pas son nom du livre de la vie et je confesserai son nom devant mon Père et devant ses messagers. Qui a des oreilles, qu'il écoute ce que le souffle dit aux communautés.

Au messager de la communauté de Philadelphie, écris : Il dit ceci, le saint, le véridique, celui qui a la clé de David, celui qui ouvre, et personne ne fermera, celui qui ferme, et personne n'ouvre. Je connais tes oeuvres. Voici : j'ai fait devant toi le don d'une porte ouverte que nul ne peut fermer, car malgré ton peu de force tu as gardé ma parole et tu n'as pas renié mon nom. Voici : j'amène certains de la synagogue de l'Adversaire qui se prétendent juifs sans l'être, mais ils mentent. Voici : je ferai qu'ils viennent se prosterner à tes pieds et qu'ils sachent que je t'ai aimé. Parce que tu as gardé ma parole de résistance, moi aussi je te garderai à l'heure de l'épreuve qui est sur le point de venir dans tout l'univers pour éprouver les habitants de la terre. Je viens vite ; retiens ce que tu as, de peur qu'on ne prenne ta couronne. Du vainqueur je ferai une colonne dans le temple de mon Dieu, et plus jamais il ne sortira ; et j'écrirai sur lui le nom de mon Dieu et le nom de la ville de mon Dieu, la nouvelle Jérusalem descendant du ciel, d'auprès de mon Dieu, et j'écrirai mon nom, le nouveau. Qui a des oreilles, qu'il écoute ce que le souffle dit aux communautés.

Au messager de la communauté de Laodicée, écris : Il dit ceci, l'Amen, le témoin fiable et véridique, le principe de la création de Dieu. Je connais tes oeuvres ; tu n'es ni chaud ni froid ; il vaudrait mieux que tu sois chaud ou froid. Ainsi, puisque tu es tiède et ni chaud ni froid, je vais te vomir de ma bouche. Parce que tu dis : "Je suis riche et je me suis enrichi, je n'ai besoin de rien" et que tu ne sais pas que tu es malheureux, oui, pitoyable et pauvre et aveugle et nu, je te conseille d'acheter chez moi de l'or épuré au feu afin que tu t'enrichisses, ainsi que des vêtements blancs pour t'en couvrir et que ne soit pas manifestée la honte de ta nudité, et aussi un onguent pour enduire tes yeux afin que tu voies. Moi, tous ceux que j'aime, je les corrige et les éduque. Demeure donc ardent et fais retour. Voici : je me tiens à la porte et je frappe ; si quelqu'un entend ma voix et ouvre la porte, j'entrerai chez lui et je dînerai avec lui et lui avec moi.

Au vainqueur, j'accorderai de siéger avec moi sur mon trône, comme moi aussi j'ai vaincu et je siège avec mon Père sur son trône. Qui a des oreilles, qu'il écoute ce que le souffle dit aux communautés. »

Il dit ceci, celui qui a les sept souffles de Dieu

et les sept étoiles.

Si tu ne veilles pas, j'arriverai comme un voleur …

Mais tu as quelques personnes à Sardes qui n'ont pas sali

leurs vêtements et ils marcheront avec moi

habillés de blanc, car ils en sont dignes.

Il dit ceci, le saint, le véridique, celui qui a la clé de David,

celui qui ouvre, et personne ne fermera,

celui qui ferme, et personne n'ouvre.

Voici : j'ai fait devant toi le don d'une porte ouverte

que nul ne peut fermer …

LA CLEF DU CŒUR

Huile sur toile 51 cm x 61 cm

« *Celui qui a les sept souffles de Dieu et les sept étoiles* » (3, 1) parle aux Églises.

De chacune Il connaît les labeurs et les embûches,
les épreuves et les craintes.
L'heure n'est pas à la désespérance,
mais à l'espérance qui résiste et croit en la victoire :
« *Au vainqueur je donnerai...* » (2, 7).

C'est d'avenir et de bonheur que le Vivant veut parler,
de cet avenir qui jaillit de sa victoire sur la mort.
Victoire à la hauteur de promesses infinies,
qui disent d'un Dieu sauveur les rêves les plus fous
pour cette humanité, créée de ses mains,
et qu'Il ne cesse d'aimer au-delà de ses infidélités.

Promesses

Les promesses du Vivant
se disent en mots surgis du fond des âges
– arbre, livre et couronne de vie,
manne cachée, pouvoir sur les nations –,
ou annonciateurs d'une aube qu'on n'oserait attendre
– caillou blanc, étoile du matin, Nouvelle Jérusalem,
présence intime et rayonnante du Ressuscité.

Celui qui détient « *la clef de David* » (3, 7)
et ouvre la porte du Royaume
que « *personne ne fermera* » (3, 7),
voilà qu'Il se tient à la porte et frappe.
La table est déjà mise pour la cène :
Saurons-nous entendre sa voix et
lui ouvrir nos cœurs ?

Chapitre 4
Gloire

Ensuite je vis ; et voici qu'une porte s'était ouverte au ciel, et la voix, la première, celle que j'entendis telle une trompette parlant avec moi, disait : « Monte ici, je te montrerai ce qui doit arriver après. » Aussitôt je fus inspiré ; je vis un trône dressé dans le ciel et quelqu'un assis sur ce trône. Celui qui siégeait paraissait, dans ma vision, comme une pierre de jaspe et de sardoine, et un halo nimbant le trône paraissait, dans ma vision, comme de l'émeraude. Tout autour du trône, encore vingt-quatre trônes et, assis sur les trônes, vingt-quatre anciens revêtus de blanc avec des couronnes d'or sur leur tête. Et du trône sortent des éclairs, des voix, des tonnerres ; sept lampes ardentes brûlent devant le trône, qui sont les sept souffles de Dieu. En face du trône se trouve comme une mer de verre transparent, pareille à du cristal, et au milieu ainsi qu'autour du trône quatre animaux pleins d'yeux par-devant et par-derrière. Le premier animal ressemble à un lion, le deuxième à un taurillon, le troisième a visage comme d'un homme, le quatrième ressemble à un aigle en vol. Les quatre animaux ont chacun six ailes, et tout autour comme au-dedans ils sont pleins d'yeux ; jour et nuit ils n'ont pas de repos et disent :

Saint, saint, saint

le Seigneur Dieu, le Puissant-sur-tout, Celui qui est et qui était et qui vient.

Chaque fois que les animaux rendront gloire et honneur et action de grâces à celui qui siège sur le trône, au Vivant pour les éternités des éternités, les vingt-quatre anciens tomberont devant celui qui siège sur le trône et se prosterneront devant le Vivant pour les éternités des éternités, et ils jetteront leurs couronnes devant le trône en disant :

Tu es digne, notre Seigneur et notre Dieu, de prendre possession de la gloire, et de l'honneur et de la puissance, car tu créas toutes choses et par ton vouloir elles étaient et elles furent créées.

... je vis un trône dressé dans le ciel ...

... un halo nimbant le trône paraissait ...

... autour du trône quatre animaux ...

Le premier animal ressemble à un lion,

le deuxième à un taurillon, le troisième

a visage comme d'un homme, le quatrième

ressemble à un aigle en vol.

HÉRITIERS DU TRÔNE

Huile sur toile 61 cm x 51 cm

Regard vers la hauteur :
c'est le ciel qui s'ouvre et brille de tous ses feux.
Il est là, Présence aussi fuyante que réelle.
Tout autour de Lui est gloire et lumière.
Tout autour de Lui scintille comme éclats
de pierre précieuse.
Tout s'anime et s'entrechoque :
Anciens tout de blanc vêtus et lampes ardentes,
tonnerres des cieux et animaux ailés.
Tout se fond en un singulier concert
où toutes les voix et les musiques
résonnent à la gloire du Vivant
Créateur et Souffle de tout ce qui existe.

Le Vivant, c'est bien lui qui siège sur le trône,
mais nul trône ne saurait le contenir.

Gloire

Saint entre tous,
Puissant entre tous,
le Vivant se fait Pèlerin des éternités,
« *Celui qui était, qui est et qui vient* » (4, 8).
Insaisissable de lumière et de gloire
Il ne se conjugue pas au passé,
mais au toujours d'une marche vers l'avenir.

Ce n'est plus dans les hauteurs qu'il faut le contempler.
Il se donne à voir dans l'ici-bas de l'Histoire.
La gloire du Très Saint et du Tout-Puissant
se donne et se dit dans le concert infini
et la symphonie toujours inachevée de sa création :
« *Tu es digne, notre Seigneur et notre Dieu,*
de prendre possession de la gloire, et de l'honneur
et de la puissance... » (4, 11).

Chapitre 5

Mystère

Et puis j'aperçus dans la main droite de celui qui siège sur le trône un volume écrit au recto et au verso, scellé de sept sceaux. Et je vis un puissant messager clamant à grande voix : « Qui est digne d'ouvrir le volume et d'en briser les sceaux? », et personne ne pouvait ni au ciel ni sur terre ni sous terre ouvrir le volume et le regarder; je pleurais abondamment, car personne ne se trouva digne d'ouvrir le volume et de le regarder. Mais l'un des anciens me dit : « Ne pleure plus, voici : il a vaincu, le lion de la tribu de Juda, le rejeton de David, pour ouvrir le volume et briser les sept sceaux. » Et je vis, entre le trône et les quatre animaux et au milieu des anciens, un agneau debout semblant égorgé, ayant sept cornes et sept yeux qui sont les sept souffles de Dieu envoyés par toute la terre. Et il vint et il reçut le volume de la main droite de celui qui siège sur le trône. Et quand il prit le volume, les quatre animaux et les vingt-quatre anciens tombèrent à genoux devant l'agneau, tenant chacun une cithare et des coupes d'or pleines d'encens, qui sont les prières des saints; et ils chantent une hymne nouvelle :

Digne es-tu de recevoir le volume
et d'en briser les sceaux,
car tu fus égorgé et tu rachetas
pour Dieu, par ton sang

parmi toute tribu, toute langue,
tout peuple et toute nation,
ceux dont tu fis pour notre Dieu
un royaume de prêtres,
et ils régneront sur la terre.
Alors je vis ; et j'entendis la voix de nombreux messagers autour du trône et des animaux et des anciens, et leur nombre était myriades de myriades et milliers de milliers ; ils disaient à forte voix :

Digne est l'agneau, l'égorgé,
de recevoir la puissance
et richesse et sagesse et force
et honneur et gloire et bénédiction.
Et toutes les créatures au ciel et sur terre et sous terre et sur mer avec tous les êtres qui s'y trouvent, je les entendis qui disaient :
À celui qui siège sur le trône et à l'agneau :
bénédiction, honneur, gloire et domination
pour les éternités des éternités.

Et les quatre animaux disaient : « Amen », et les anciens tombèrent pour se prosterner.

Et puis j'aperçus dans la main droite de celui qui siège

sur le trône un volume écrit au recto et au verso,

scellé de sept sceaux.

Et je vis un puissant messager clamant à grande voix :

« Qui est digne d'ouvrir le volume et

d'en briser les sceaux ? »

… un agneau debout … ayant sept cornes

et sept yeux …

… il reçut le volume de la main droite de celui

qui siège sur le trône.

LES YEUX DANS LES CIEUX

Huile sur toile 61 cm x 51 cm

Surplus d'écriture, mystère total.
Qui donc pourrait d'un livre irrémédiablement scellé
livrer le moindre secret,
percer la lettre, libérer l'esprit ?
Tout divin est le Livre,
mais impossible son interprétation
à hauteur d'homme comme à hauteur d'ange.
Se trouvera-t-il quelqu'un pour briser les sceaux ?
Mystère qui se fait drame :
« *Personne ne pouvait ni au ciel ni sur terre*
ouvrir le volume et le regarder... » (5, 20).

Mais est-ce bien le Livre qu'il faut regarder ?
N'y a-t-il pas une figure qui soudain se dresse
bien que portant traces d'immolation ?
On dirait un Agneau couronné de lumière.

Mystère

L'un des Anciens le désigne :
voici « *le lion de la tribu de Juda... le rejeton de David* » (5, 5).
Il est d'humaine descendance,
mais Il vient du plus profond des cieux
et se dresse, Vivant et Victorieux,
par-delà les frontières de la mort.

Finis les pleurs, finie la désolation :
le Livre va enfin livrer ses secrets.
C'est fête au pays de la gloire divine.
Que retentissent de partout les hymnes nouvelles,
que s'unissent toutes les voix et toutes les musiques,
que montent au ciel tous les parfums d'encens
et toutes les humaines prières
pour chanter la gloire de l'Agneau
et de « *celui qui siège sur le trône* » (5, 16) !

Chapitre 6

Jour de colère

Alors je vis, quand l'agneau ouvrit l'un des sept sceaux, et j'entendis un des quatre animaux dire avec une voix de tonnerre : « Viens ! » Et je vis ; et voici un cheval blanc ; le cavalier avait un arc, il lui fut donné une couronne et il partit en vainqueur et pour vaincre encore. Quand il ouvrit le deuxième sceau, j'entendis le deuxième animal dire : « Viens ! » Alors sortit un autre cheval, rouge feu, et à son cavalier il fut donné de ravir la paix de la terre afin que les gens s'entr'égorgent, et il lui fut donné une grande épée. Quand il ouvrit le troisième sceau, j'entendis le troisième animal dire : « Viens ! » Et je vis ; et voici un cheval noir ; son cavalier tenait une balance à la main. J'entendis comme une voix, du milieu des quatre animaux, qui disait : « Une mesure de blé, un denier ; trois mesures d'orge, un denier ; et l'huile et le vin, ne les gâche pas. » Quand il ouvrit le quatrième sceau, j'entendis une voix venant du quatrième animal disant : « Viens ! » Et je vis ; et voici un cheval verdâtre ; son cavalier se nommait la Mort, et l'Hadès le suivait. Et il leur fut donné pouvoir sur le quart de la terre de tuer par l'épée, par la famine, par la maladie mortelle et par les bêtes sauvages de la terre. Quand il ouvrit le cinquième sceau, je vis sous l'autel de l'encens les âmes des égorgés à cause de la parole de Dieu et à cause du témoignage qu'ils lui rendaient. Et ils clamèrent d'une grande voix :

Jusques à quand, ô maître, ô saint et véridique,
ne juges-tu pas et ne venges-tu pas
notre sang sur les habitants de la terre ?

À chacun d'eux fut remise une robe blanche, et il leur fut dit de se reposer encore un peu, le temps que soient au complet leurs compagnons de service et leurs frères, ceux qui doivent aussi être tués comme eux. Et je vis ; quand il ouvrit le sixième sceau survint un violent tremblement de terre ; le soleil devint noir comme un sac de crin, la lune entière devint comme du sang, les étoiles tombèrent du ciel sur la terre comme un figuier secoué par grand vent jette ses figues, le ciel fut retiré comme un volume qu'on enroule, et toute montagne, toute île furent enlevées de leur lieu. Les rois de la terre, les grands, les chefs d'armée, les riches, les puissants, tout esclave et tout affranchi se cachèrent dans les grottes et parmi les rochers des montagnes. Ils disent aux montagnes et aux rochers :

Tombez sur nous et cachez-nous loin
de la face de celui qui siège sur le trône
et loin de la colère de l'agneau.
Car il est arrivé, le grand jour de leur colère,
et qui donc peut encore tenir debout ?

Et je vis ; et voici un cheval noir ; son cavalier tenait une balance à la main.

J'entendis comme une voix, ... qui disait : « Une mesure de blé, un denier ; trois mesures d'orge, un denier ... »

... le soleil devint noir comme un sac de crin, la lune entière devint comme du sang, les étoiles tombèrent du ciel sur la terre comme un figuier secoué par grand vent jette ses figues ...

LA BALANCE DU POUVOIR

Huile sur toile 51 cm x 61 cm

Ils sont quatre autour du trône céleste,
quatre Vivants, devenus symboles
d'un Évangile porté aux quatre coins de la terre.
Ce sont eux, ces serviteurs de la Gloire
qui ont mission d'annoncer
la sortie des quatre cavaliers
aux couleurs et aux attributs insolites.
Mais qui sont-ils donc, ces cavaliers ?
Sont-ils de fatalité et de destruction ?
Ou sont-ils d'espoir et de paix ?

Tout de blanc et conquérant est le premier.
Il détient engin de guerre, mais ne livre nulle bataille.
Il est auréolé de victoire et promis à victoire plus grande encore.
Faut-il le redouter ou faut-il se laisser emporter par son élan ?

Jour de colère

Rouge feu, rouge sang est le deuxième.
Il ne respire que violence et brandit l'épée bien haut.
Inhumaine est sa course et sanguinaire sa sortie.
Partout en chemin, il sème division et folie meurtrière.

Tout de noir s'avance le troisième,
sinistre présage, porteur immanquable de mauvaises nouvelles.
Verdâtre et maléfique piaffe le quatrième,
impatient de répandre son germe de mort, semence d'enfer.

C'est jour de colère immense aujourd'hui :
la prière des saints crie vengeance,
et de colère aussi s'assombrit le trône divin.
« *Qui donc peut encore tenir debout* »
au « *grand jour de la colère* » de Dieu et de l'Agneau (6, 16-17) ?

Chapitre 7

Multitudes en liesse

... je vis quatre messagers debout aux quatre coins

de la terre et qui retenaient les quatre vents

de la terre pour que ne souffle pas de vent sur la terre

ni sur la mer ni sur aucun arbre.

Et je vis un autre messager monter du soleil levant ;

il portait le sceau de Dieu vivant ...

Après quoi, je vis ; et voici une foule ...

de toutes nations et tribus, de tous peuples et langues.

Chapitre 7

Multitudes en liesse

Après cela, je vis quatre messagers debout aux quatre coins de la terre et qui retenaient les quatre vents de la terre pour que ne souffle pas de vent sur la terre ni sur la mer ni sur aucun arbre. Et je vis un autre messager monter du soleil levant ; il portait le sceau de Dieu vivant et il cria d'une grande voix aux quatre messagers à qui il fut donné de maltraiter la terre et la mer : « Ne maltraitez pas la terre ni la mer ni les arbres tant que nous n'aurons pas marqué du sceau le front des serviteurs de notre Dieu. » Et j'entendis le nombre des marqués : cent quarante-quatre mille marqués, de toutes les tribus des fils d'Israël. De la tribu de Juda, douze mille sont marqués ; de la tribu de Ruben, douze mille ; de la tribu de Gad, douze mille ; de la tribu d'Aser, douze mille ; de la tribu de Nephtali, douze mille ; de la tribu de Manassé, douze mille ; de la tribu de Siméon, douze mille ; de la tribu de Lévi, douze mille ; de la tribu d'Issakar, douze mille ; de la tribu de Zabulon, douze mille ; de la tribu de Joseph, douze mille ; de la tribu de Benjamin, douze mille sont marqués.

Après quoi, je vis ; et voici une foule immense, que nul ne pouvait dénombrer, de toutes nations et tribus, de tous peuples et langues. Debout devant le trône et devant l'agneau, vêtus de robes blanches, avec des palmes dans la main. Et ils clament à voix forte :

Le salut à notre Dieu,
à celui qui siège sur le trône
et à l'agneau.

Tous les messagers se tenaient autour du trône et autour des anciens et des quatre animaux, et ils tombèrent devant le trône et ils se prosternèrent devant Dieu, disant :
Amen, louange et gloire et sagesse
et action de grâces et honneur
et puissance et force à notre Dieu
pour les éternités des éternités. Amen.

L'un des anciens prit la parole, me demandant : « Ceux-ci, revêtus de blanc, qui sont-ils et d'où sont-ils venus? » Je lui répondis : « Mon seigneur, tu le sais. » Il me dit : « Ceux-ci viennent de la grande oppression, et ils lavèrent leurs robes et ils les blanchirent dans le sang de l'agneau. C'est pourquoi ils sont devant le trône de Dieu et lui rendent un culte jour et nuit dans son temple, et celui qui siège sur le trône dressera une tente pour eux. Ils n'auront plus faim ni soif, et jamais plus le soleil ne les frappera, ni aucune brûlure, car l'agneau, celui qui va au milieu du trône, les fera paître et les mènera auprès des sources d'eaux vives et Dieu essuiera toute larme de leurs yeux. »

... je vis quatre messagers debout aux quatre coins
de la terre et qui retenaient les quatre vents
de la terre pour que ne souffle pas de vent sur la terre
ni sur la mer ni sur aucun arbre.
Et je vis un autre messager monter du soleil levant ;
il portait le sceau de Dieu vivant ...
Après quoi, je vis ; et voici une foule ...
de toutes nations et tribus, de tous peuples et langues.

SOUFFLE COUPÉ

Huile sur toile 51 cm x 61 cm

Implacable s'annonçait la colère divine.
Mais voici qu'un ordre est donné dans le ciel,
émanant du « *Dieu vivant* »
et arborant les couleurs du « *soleil levant* » (7, 2).

Terre, mer et arbres des forêts
ne seront plus inquiétés ni maltraités
tant que n'apparaîtra pas sur le front des
« cent quarante-quatre mille »
le sceau qui détient l'espoir d'une foule immense,
héritière des douze tribus de l'Israël ancien
et prélude aux multitudes de l'Israël nouveau,
« *foule immense, que nul ne pouvait dénombrer,*
de toutes nations et tribus, de tous peuples
et langues » (7, 9).

Multitudes en liesse

Hier, c'était jour de colère,
aujourd'hui, c'est jour de réjouissance.
Hier, c'était jour de « grande oppression »,
aujourd'hui, c'est jour de réjouissance infinie.
C'était jour de famine et de désolation,
c'est maintenant jour de festin et de consolation.

Hier, terre et ciel s'affolaient et s'effritaient
sous le coup de la colère de Dieu.
Aujourd'hui, terre et ciel renaissent
et l'humanité est réconciliée sous le soleil de Dieu
et sous la férule de l'Agneau :
« *l'agneau... les fera paître et les mènera auprès*
des sources d'eaux vives
et Dieu essuiera toute larme de leurs yeux » (7, 17).

Chapitre 8

À feu et à sang

Lorsqu'il ouvrit le septième sceau, il se fit dans le ciel un silence d'environ une demi-heure. Et je vis les sept messagers debout devant Dieu ; il leur fut donné sept trompettes. Alors vint se tenir contre l'autel de l'encens un autre messager qui portait un encensoir d'or, et on lui donna beaucoup d'encens à offrir, avec les prières de tous les saints, sur l'autel d'or devant le trône. Et par la main du messager monta devant Dieu la fumée de l'encens avec les prières des saints. Puis le messager prit l'encensoir, il le remplit des braises de l'autel de l'encens et jeta le feu sur la terre ; et ce furent des tonnerres et des voix et des éclairs et un tremblement de terre.

Aussitôt les sept messagers aux sept trompettes s'apprêtèrent à les faire retentir. Le premier sonna de la trompette ; et ce furent grêle et feu mélangés dans du sang et jetés sur la terre ; et le tiers de la terre fut consumé, et le tiers des arbres fut consumé, et toute herbe verte fut consumée. Le deuxième messager sonna de la trompette ; une sorte de grande montagne de feu ardent fut jetée vers la mer, et le tiers de la mer devint du sang, et mourut le tiers des créatures vivant dans la mer, et le tiers des navires fut détruit. Le troisième messager sonna de la trompette ; du ciel tomba une grande étoile qui flambait comme une torche, et elle tomba sur le tiers des fleuves et sur les sources des eaux. Le nom de l'étoile se dit Absinthe ; et le tiers des eaux devint de l'absinthe et de nombreux hommes moururent des eaux devenues amères. Le quatrième messager sonna de la trompette ; le tiers du soleil fut frappé ainsi que le tiers de la lune et le tiers des étoiles, de sorte que s'enténébra le tiers de leur surface et que le tiers du jour ne resplendit plus et la nuit mêmement.

Alors je vis ; et j'entendis un aigle voler au milieu du ciel, disant à voix forte : « Malheur, malheur, malheur aux habitants de la terre à cause des autres voix de trompette, celles des trois messagers, qui vont retentir. »

Et je vis les sept messagers debout devant Dieu ;
il leur fut donné sept trompettes. Alors vint se tenir
contre l'autel de l'encens un autre messager qui portait
un encensoir d'or, et on lui donna beaucoup
d'encens à offrir, avec les prières de tous les saints,
sur l'autel d'or devant le trône.
... du ciel tomba une grande étoile qui flambait
comme une torche, et elle tomba sur le tiers
des fleuves et sur les sources des eaux.
... Alors je vis ; et j'entendis un aigle voler
au milieu du ciel ...

MUSIQUE DES ANGES

Huile sur toile 51 cm x 61 cm

Pourquoi faut-il qu'un bref instant
Toute parole au ciel se fige ?
Est-ce d'horreur et d'impuissance
ou pour laisser monter
le parfum de « *la prière de tous les saints* » (8, 3),
prière ardente qui voudrait conjurer tous
les carnages à venir ?

Sur mer, sur terre et dans les cieux,
tout n'est hélas que rage et ravage,
fureur et stupeur : « *Malheur, malheur, malheur*
aux habitants de la terre » (8, 13),
clame l'aigle sinistre, présage de jours sans lumière.

Qu'est donc la création devenue,
elle, tout entière surgie du sourire de Dieu ?

À feu et à sang

Est-ce elle qui ne répond plus
ou est-ce Dieu qui ne veut plus rien entendre ?

Odeur de cendres, sanglots qui pleurent les morts,
consternation devant les constellations,
la vie n'a-t-elle rendez-vous qu'avec la mort,
l'humanité avec le désespoir ?

Et si le silence au ciel
était d'impatience et d'espérance ?
Pour peu que la terre soit touchée,
c'est le ciel qui est en deuil et qui pleure.
Pour peu que l'humanité soit affligée,
c'est Dieu qui est écorché.

Chapitre 9

Abîme de tous les tourments

... je vis une étoile qui était tombée du ciel sur la terre.

Il lui fut donné la clé du puits de l'abîme ...

Ainsi sont apparus les chevaux dans ma vision : leurs

cavaliers ont des cuirasses couleur de feu ...

... les têtes des chevaux sont comme des têtes de lions,

et de leurs bouches sortent du feu,

Car le pouvoir des chevaux se trouve dans leurs bouches

et dans leurs queues; oui, leurs queues,

semblables à des serpents, ont des têtes ...

Chapitre 9

Abîme de tous les tourments

Le cinquième messager sonna de la trompette ; et je vis une étoile qui était tombée du ciel sur la terre. Il lui fut donné la clé du puits de l'abîme ; il ouvrit le puits de l'abîme et du puits une fumée monta comme celle d'une grande fournaise, et par la fumée du puits furent enténébrés l'air et le soleil. Alors de la fumée sortirent des sauterelles vers la terre, et il leur fut donné un pouvoir comme ont pouvoir les scorpions de la terre. On leur dit de ne pas maltraiter l'herbe de la terre ni aucune verdure ni aucun arbre, mais seulement les hommes qui n'ont pas le sceau de Dieu sur leur front. Il leur fut donné non pas de les tuer, mais de les tourmenter cinq mois, et ce tourment est comme le tourment qu'inflige le scorpion quand il pique un homme. En ces jours-là les hommes chercheront la mort et ne la trouveront pas ; ils désireront mourir et la mort les fuit. Ces sortes de sauterelles étaient semblables à des chevaux équipés pour la guerre : sur leurs têtes, comme des couronnes d'or, et leurs faces comme des visages humains. Elles avaient des cheveux comme ceux des femmes, et des dents comme celles des lions. Elles avaient un thorax semblable à une cuirasse d'acier, et le bruit de leurs ailes était comme le bruit des chars à plusieurs chevaux courant à la guerre. Elles ont des queues, avec des dards, semblables à celles des scorpions et dans leurs queues se trouve leur pouvoir de maltraiter les hommes cinq mois. Elles ont au-dessus d'elles un roi, le messager de l'abîme, qui en hébreu se nomme Abbadôn et en grec Apollyôn. Le premier malheur est parti ; voici qu'après lui viennent encore deux malheurs.

Le sixième messager sonna de la trompette ; et j'entendis une voix venant des quatre cornes de l'autel d'or qui est devant Dieu, disant au sixième messager qui avait la trompette : « Délie les quatre messagers qui sont attachés au bord du grand fleuve, l'Euphrate. » Et furent détachés les quatre messagers qui étaient préparés, pour l'heure, le jour, le mois, l'année, à tuer le tiers des hommes. Le nombre des combattants de la cavalerie était, comme je l'entendis, vingt myriades de myriades. Ainsi sont apparus les chevaux dans ma vision : leurs cavaliers ont des cuirasses couleur de feu, d'hyacinthe et de soufre ; les têtes des chevaux sont comme des têtes de lions, et de leurs bouches sortent feu, fumée et soufre. Par ces trois fléaux mourut le tiers des hommes ; par le feu, la fumée et le soufre qui sortaient de leurs bouches. Car le pouvoir des chevaux se trouve dans leurs bouches et dans leurs queues ; oui, leurs queues, semblables à des serpents, ont des têtes avec lesquelles elles font du tort. Et le reste des hommes qui ne furent pas tués par ces fléaux ne se détournèrent pas des oeuvres de leurs mains ni ne cessèrent de se prosterner devant les démons et les idoles d'or, d'argent, d'airain, de pierre et de bois, qui ne peuvent voir, entendre ou marcher. Et ils ne se détournèrent pas de leurs meurtres, de leurs poisons, de leur prostitution, de leur volerie.

... je vis une étoile qui était tombée du ciel sur la terre.

Il lui fut donné la clé du puits de l'abîme ...

Ainsi sont apparus les chevaux dans ma vision : leurs

cavaliers ont des cuirasses couleur de feu ...

... les têtes des chevaux sont comme des têtes de lions,

et de leurs bouches sortent du feu,

Car le pouvoir des chevaux se trouve dans leurs bouches

et dans leurs queues; oui, leurs queues,

semblables à des serpents, ont des têtes ...

CHEVAL SERPENTIN

Huile sur toile 61 cm x 51 cm

Nul n'a encore mesuré
les profondeurs de la souffrance humaine.
Nul n'a à ce jour dénombré
le cortège de fléaux qui planent sur l'humanité.
Nul ne pourra jamais jouer la dernière note
de l'inhumaine douleur.

Combien faudra-t-il recenser de morts,
combien faudra-t-il déplorer d'innocentes victimes
pour conjurer la fureur du ciel ?
Jusques à quand faudra-t-il souffrir
destruction, abîme de destruction
avant de comprendre
qu'à la fois poison et remède sont en nous
et que blessures et guérison
nous hantent et nous sollicitent ?

Abîme de tous les tourments

Les trompettes ont-elles à jamais perdu
la clef des musiques qui claironnent le bonheur ?
Pourquoi faut-il qu'elles résonnent désormais
à l'unisson des canons et des bombes,
uniquement pour saluer les morts
et chanter le requiem d'une création
qu'on ne cesse de défigurer ?

Est-ce fatalité ou déraison ?
Destruction décrétée d'en haut
ou acharnement de monstres innommables
qui inventent des morsures et un fiel imparables ?

Quand donc résonnera une fois encore pour la joie
l'une des trompettes célestes pour chanter la fin
des guerres et de la déraison et pour célébrer l'harmonie
retrouvée entre humanité et création
entre Dieu et toute chair ?

Chapitre 10

De feu et de tonnerre

Et je vis un autre messager, puissant, descendre du ciel, enveloppé d'un nuage, un halo sur la tête, le visage comme le soleil et les pieds comme des colonnes de feu. Il tenait dans sa main un petit volume ouvert. Il posa le pied droit sur la mer et le gauche sur la terre ; et il cria d'une voix forte comme lion qui rugit et, lorsqu'il cria, les sept tonnerres donnèrent de la voix. Quand parlèrent les sept tonnerres, j'allais écrire ; et j'entendis une voix du ciel me dire : « Garde secret ce dont les sept tonnerres ont parlé ; ne l'écris pas. » Le messager que j'avais vu debout sur la mer et sur la terre leva la main droite vers le ciel et jura, par le Vivant pour les éternités des éternités qui créa le ciel avec ce qui s'y trouve, la terre avec ce qui s'y trouve, ainsi que la mer avec ce qui s'y trouve qu'il ne sera plus temps, mais aux jours de la voix du septième messager, quand il doit sonner de la trompette, il aura été accompli, le mystère de Dieu, comme il l'a annoncé à ses serviteurs les prophètes. Et la voix du ciel que j'entendis de nouveau me parla : « Va, prends le volume ouvert dans la main du messager qui se tient sur la mer et sur la terre. » J'allai vers le messager et lui dis de me donner le petit volume. Il me dit : « Prends et dévore-le, il rendra ton ventre amer, mais dans ta bouche il sera doux comme le miel. » Je pris le petit volume de la main du messager et le dévorai ; il avait dans ma bouche la douceur du miel et, comme je l'avalais, il devint amer à mon ventre. Alors on me dit : « Il te faut prophétiser de nouveau sur nombre de peuples, de nations, de langues et de rois. »

Et je vis un autre messager, puissant, descendre du ciel,

enveloppé d'un nuage, un halo sur la tête,

le visage comme le soleil et les pieds comme des colonnes

de feu. Il tenait dans sa main

un petit volume ouvert. Il posa le pied droit sur la mer et le

gauche sur la terre ...

Le messager que j'avais vu debout sur la mer et sur la terre

leva la main droite vers le ciel ...

VISAGE RAYONNANT

Huile sur toile 51 cm x 61 cm

Un est le Livre,
double est le message :
amertume et douceur.
Un est le Livre,
mais son nom est paradoxe :
il est ouvert et secret,
il se dévore, mais non avec les yeux,
ou plutôt c'est lui qui vous dévore le tréfonds de l'âme.

L'heure n'est plus à la lecture en solitaire,
mais à la parole forte et prophétique.
L'heure n'est plus à la contemplation tranquille,
mais à la proclamation inquiète :
« *Il te faut prophétiser de nouveau*
sur nombre de peuples, de nations,
de langues et de rois » (10, 11).
« *Prends et mange* », ordonne le messager.
Lire l'Écriture n'est pas affaire de loisir et de divertissement,

De feu et de tonnerre

mais de nécessité, d'urgence et de passion.
Taisez vos lectures lénifiantes,
vos discours convenus.
Osez vous laisser déranger, bousculer, envahir
par ce livre qui brûle les mains et enflamme le cœur,
par cette parole qui tonne et détonne
aussi fort que tous les tonnerres du ciel.

Dieu est mystère.
Cessez vos vaines explications
et laissez-vous embraser par sa parole de feu,
consumer par l'ardeur de son amour
et clamez à la face du monde :
Dieu n'est pas au pays de la mort.
Il est « *le Vivant*
pour les éternités des éternités » (10, 6),
Créateur et recréateur de toutes choses.

Chapitre 11

Feu Jérusalem

On me remit un roseau semblable à un bâton et on me dit : « Lève-toi et mesure le temple de Dieu et l'autel de l'encens ainsi que ceux qui s'y prosternent. Mais le parvis à l'extérieur du Temple, laisse-le à part et ne le mesure pas, car il a été livré aux nations, et elles piétineront la ville sainte durant quarante-deux mois. Et je donnerai à mes deux témoins de prophétiser, durant mille deux cent soixante jours, enveloppés de sacs. »

Ceux-là sont les deux oliviers et les deux lampadaires qui se tiennent devant le Seigneur de la terre. Si quelqu'un veut les maltraiter, un feu sort de leurs bouches et dévore leurs ennemis ; oui, si quelqu'un voulait les maltraiter, il faut qu'il soit tué de cette façon. Ceux-là ont le pouvoir de fermer le ciel afin que la pluie ne tombe pas aux jours de leur prophétie ; ils ont pouvoir sur les eaux de les changer en sang et de frapper la terre de tout fléau tant qu'ils le désirent.

Lorsqu'ils auront achevé leur témoignage, la bête qui monte de l'abîme leur fera la guerre et les vaincra et les tuera. Leurs cadavres restent sur la place de la grande ville qu'on nomme spirituellement Sodome et Égypte, là même où leur Seigneur fut crucifié. Et ils regardent, ceux des peuples, tribus, langues et nations, ils regardent leurs cadavres trois jours et demi et ils n'enlèvent pas leurs cadavres pour les déposer au tombeau. Les habitants de la terre se réjouiront d'eux et ils exulteront, ils s'enverront des présents les uns aux autres, car ces deux prophètes tourmentaient les habitants de la terre. Après les trois jours et demi, un souffle de vie venant de Dieu entra en eux et ils se dressèrent sur leurs pieds, et une grande frayeur tomba sur ceux qui les observaient. Ils entendirent une grande voix du ciel leur dire : « Montez ici. » Et ils montèrent au ciel dans une nuée ; leurs ennemis les regardaient. À l'heure même se produisit un violent tremblement de terre ; le dixième de la ville s'écroula, sept mille personnes moururent dans le tremblement de terre et les survivants remplis de terreur rendirent gloire au Dieu du ciel. Le deuxième malheur est parti. Voici que le troisième malheur vient vite.

Le septième messager sonna de la trompette ; il y eut de grandes voix au ciel, disant :

La royauté du monde est advenue, la royauté de notre Seigneur et de son Christ, et il régnera pour les éternités des éternités. Et les vingt-quatre anciens venus s'asseoir sur leurs trônes devant Dieu tombèrent et se prosternèrent devant Dieu en disant : Nous te rendons grâce, Seigneur Dieu, le Puissant-sur-tout, Celui qui est et qui était, d'avoir pris la puissance, la tienne, la grande, et tu commenças de régner. Les nations se mirent en colère, et vint ta colère, avec le moment pour les morts d'être jugés, le moment de donner salaire à tes serviteurs les prophètes et les saints, et à ceux qui frémissent de crainte à ton nom, petits et grands, et le moment de détruire ceux qui détruisent la terre. Alors le temple de Dieu fut ouvert dans le ciel, on a vu l'arche de son alliance dans son temple ; puis ce furent des éclairs, des voix, des tonnerres, un tremblement de terre et une grosse grêle.

Et je donnerai à mes deux témoins de prophétiser ...

Ceux-là sont les deux oliviers et les deux lampadaires

qui se tiennent devant le Seigneur de la terre.

Ils entendirent une grande voix du ciel leur dire :

« Montez ici. » Et ils montèrent au ciel dans une nuée ...

TÉMOINS DE L'OMBRE ET DE LA LUMIÈRE

Huile sur toile 51 cm x 61 cm

Jérusalem, jadis la magnifique
Jérusalem, jadis la pacifique
Jérusalem, jadis la sainte
n'est plus Jérusalem.
Donnez-lui tous les noms,
mais ne l'appelez désormais plus Jérusalem.

Car elle a vendu son âme,
oublié le Dieu de sa jeunesse,
trahi le rêve de ses chantres et de ses pèlerins.
Elle n'est plus qu'une cité fantôme,
cimetière lugubre pour tous ses prophètes.
Elle n'est plus qu'une ville rebelle et impie,
émule de l'infâme Sodome,
terre de servitude et d'exil
portant cicatrices d'Égypte et de Babylone.
Oui, pleurez sur feu Jérusalem et ses habitants.

Feu Jérusalem

Pleurez la mort de ses prophètes et de son Seigneur,
pleurez l'interminable folie guerrière
qui réduit ses murs, esplanades et sanctuaires
en amas de cendres et de poussière.

Oui, pleurez toutes les agonies et tous les deuils
de la cité de David et de son Messie.
Mais ne restez pas là, inertes et sans espoir.
Aucun temple, aucune cité terrestre
ne peut contenir « *le Puissant-sur-tout,*
Celui qui est et qui était » (11, 17).
Aucun tombeau si profond soit-il
n'a pu retenir le Christ
au pays de la mort.
C'est lui qui bâtit temple nouveau dans les cieux,
c'est lui qui, dans les cieux,
rebâtit cité sainte pour tous les peuples.

Chapitre 12

Entre ciel et terre

Il parut un grand signe dans le ciel : une femme enveloppée

du soleil, avec la lune sous les pieds

et sur la tête une couronne de douze étoiles. Elle est

enceinte ...

Il parut un autre signe dans le ciel; et voici un grand

dragon rouge feu avec sept têtes, dix cornes ...

Sa queue entraîne le tiers des étoiles du ciel, et les jette sur

la terre; et le dragon se tient devant

la femme qui va enfanter ...

Chapitre 12

Entre ciel et terre

Il parut un grand signe dans le ciel : une femme enveloppée du soleil, avec la lune sous les pieds et sur la tête une couronne de douze étoiles. Elle est enceinte et elle crie, tourmentée par les douleurs de l'enfantement. Il parut un autre signe dans le ciel ; et voici un grand dragon rouge feu avec sept têtes, dix cornes et sept diadèmes sur ses têtes. Sa queue entraîne le tiers des étoiles du ciel, et les jette sur la terre ; et le dragon se tient devant la femme qui va enfanter, pour dévorer son enfant quand elle enfantera. Elle enfanta un fils, un mâle, qui doit faire paître toutes les nations avec un sceptre de fer. Et son enfant fut enlevé vers Dieu et son trône. La femme fuit au désert où elle a un lieu préparé par Dieu pour que là même on la nourrisse mille deux cent soixante jours.

Survint une guerre au ciel. Michel et ses messagers firent la guerre au dragon ; et le dragon et ses messagers firent la guerre, mais il ne fut pas de force, et on ne trouva plus leur place au ciel. Il fut jeté, le dragon, le grand, l'antique serpent qu'on appelle le Diviseur et l'Adversaire, qui égare l'univers entier, il fut jeté sur la terre et ses messagers avec lui. Et j'entendis une voix forte dans le ciel :

Maintenant sont advenus le salut et la puissance
et la royauté de notre Dieu et le pouvoir de son Christ,
car il a été jeté, l'accusateur de nos frères,

celui qui les accuse devant notre Dieu jour et nuit.
Mais eux, ils l'ont vaincu par le sang de l'agneau
et la parole de leur témoignage,
et ils n'ont pas préféré leur vie, jusqu'à mourir.
Ainsi donc, réjouissez-vous, ciels
et ceux qui y dressent leur tente.
Malheur à la terre et à la mer, car le Diviseur
est descendu auprès de vous, pris d'une grande fureur,
sachant qu'il ne lui reste plus qu'un bref moment.

Quand le dragon se vit jeté sur la terre, il pourchassa la femme qui avait enfanté le mâle. À la femme furent données les deux ailes du grand aigle pour s'envoler au désert, en son lieu, là même où elle est nourrie un instant, des instants et la moitié d'un instant, loin de la face du serpent. Et de sa bouche le serpent jeta une eau tel un fleuve derrière la femme pour qu'elle soit emportée par le fleuve. Mais la terre porta secours à la femme ; la terre ouvrit la bouche et engloutit le fleuve que le dragon avait jeté hors de sa bouche. Le dragon se mit en colère contre la femme et partit faire la guerre au reste de sa descendance, ceux-là qui gardent les commandements de Dieu et qui ont le témoignage de Jésus.

Puis le dragon se posa sur le sable de la mer.

Il parut un grand signe dans le ciel : une femme enveloppée

du soleil, avec la lune sous les pieds

et sur la tête une couronne de douze étoiles. Elle est

enceinte ...

Il parut un autre signe dans le ciel; et voici un grand

dragon rouge feu avec sept têtes, dix cornes ...

Sa queue entraîne le tiers des étoiles du ciel, et les jette sur

la terre; et le dragon se tient devant

la femme qui va enfanter ...

FEMME INVINCIBLE

Huile sur toile 51 cm x 61 cm

Le ciel s'allume et fait signe :
radieuse s'avance la Femme Soleil,
Femme Lune, Femme étoilée.
C'est elle, la Femme Sion,
héritière des promesses faites à Jacob et à sa descendance,
porteuse en son sein d'une semence sainte,
mais « *tourmentée dans les douleurs
de l'enfantement* » (12, 2).

C'est tourmente plus grande encore dans le ciel
lorsque se dresse, cramoisi de fureur et de guerre,
le Dragon funeste, Dragon Serpent,
Dragon adversaire et séducteur.
Il sait la fin prochaine
de son royaume de destruction et de mort
s'il n'arrive pas à ravir l'enfant mâle
né de la Femme et porteur de l'espérance du monde.

Entre ciel et terre

Féroce s'annonce le combat,
mais son issue est déjà scellée.
Le Dragon peut s'agiter avec ses troupes macabres
à la poursuite de la femme et de sa descendance.
Ce ne sont que soubresauts de désespoir,
vaines chevauchées sans victoire,
ciel et terre se liguent au secours de la Femme Église
avec à leur tête Michel, Ange miroir du Dieu unique,
Protecteur éternel, avec ses cohortes d'anges,
du peuple des élus et des martyrs.
« *Maintenant sont advenus le salut et la puissance*
et la royauté de notre Dieu et le pouvoir de son Christ,
car il a été jeté, l'accusateur de nos frères... » (12, 10).

Jeté, déchu, à jamais en agonie, le Prince des Ténèbres.
Exalté, victorieux, Vivant pour toujours, le Prince de la Lumière :
« *Ainsi donc, réjouissez-vous, ciels,*
et tous ceux qui y dressent leur tente » (12, 12).

Chapitre 13

Séduction infernale

Je vis monter de la mer une bête, avec dix cornes et sept têtes ; sur ses cornes, dix diadèmes, et sur ses têtes des noms de blasphème. La bête que je vis était semblable à un léopard, ses pieds comme ceux d'un ours, sa gueule comme une gueule de lion. Le dragon lui donna sa puissance, son trône et un grand pouvoir. L'une de ses têtes semblait égorgée à mort, mais sa plaie mortelle fut guérie ; et toute la terre étonnée suivit la bête. On se prosterna devant le dragon puisqu'il avait donné pouvoir à la bête, et on se prosterna devant la bête en disant : « Qui est pareil à la bête et qui peut lui faire la guerre ? » Il lui fut donné une bouche proférant des énormités et des blasphèmes, il lui fut donné pouvoir d'agir pendant quarante-deux mois. Elle ouvrit la bouche en blasphèmes contre Dieu pour blasphémer son nom et son abri et ceux qui dans le ciel dressent leur tente. Il lui fut donné de faire la guerre aux saints et de les vaincre, il lui fut donné pouvoir sur toute tribu, tout peuple, toute langue, toute nation. Et tous les habitants de la terre se prosterneront devant elle, eux dont le nom n'est pas inscrit au volume de la vie de l'agneau égorgé, depuis la fondation du monde.

Si quelqu'un a des oreilles, qu'il écoute :
Si quelqu'un est promis à la captivité,
qu'il aille en captivité.

Si quelqu'un doit être tué par l'épée,
qu'il soit tué par l'épée.
C'est ici la résistance et la fidélité des saints.

Je vis une autre bête monter de la terre ; elle avait deux cornes comme un agneau et elle parlait comme un dragon. Tout le pouvoir de la première bête, elle l'exerce en sa présence et elle fait que la terre et ses habitants se prosterneront devant la première bête, celle dont fut guérie la plaie mortelle. Elle accomplit de grands signes, jusqu'à faire descendre le feu du ciel sur la terre en présence des hommes. Et elle égare les habitants de la terre par les signes qu'il lui fut donné de faire en face de la bête ; elle dit aux habitants de la terre de faire une image de la bête qui avait une blessure d'épée et qui vivait. Il lui fut donné de prêter souffle à l'image de la bête pour que parle l'image de la bête et qu'elle fasse en sorte que tous ceux qui ne se prosternent pas devant l'image de la bête soient tués. Elle fait que tous, petits et grands, riches et pauvres, affranchis et esclaves, portent une marque sur la main droite ou sur le front, afin que personne ne puisse acheter ni vendre s'il n'a pas la marque, le nom de la bête ou le chiffre de son nom.

C'est ici la sagesse : qui a de l'intelligence, qu'il calcule le chiffre de la bête, c'est un chiffre d'homme en effet, et ce chiffre est six cent soixante-six.

Je vis monter de la mer une bête, avec dix cornes

et sept têtes ; sur ses cornes, dix diadèmes ...

... ses pieds comme ceux d'un ours, sa gueule comme

une gueule de lion. Le dragon lui donna sa puissance ...

Je vis une autre bête monter de la terre; elle avait deux

cornes comme un agneau ...

... le chiffre de la bête, c'est un chiffre d'homme en effet,

et ce chiffre est six cent soixante-six.

TÊTE À TÊTES

Huile sur toile 61 cm x 51 cm

Son chiffre est peut-être maudit,
mais qu'importe l'énigme qu'il pose ?
Oublions toute savante explication :
l'urgence n'est pas au calcul de son chiffre,
mais au décompte de l'inhumaine démesure
de la Bête innommable,
Empire vampire,
de ses assauts sanguinaires
et des blessures que partout elle inflige.

La Bête n'est jamais seule, hélas,
car elle se nomme Duplicité et Complicité.
Plurielle dans ses incarnations,
multiforme dans ses artifices et ses maléfices,
elle n'a de cesse qu'elle n'ait séduit « *la terre
et ses habitants* » (13, 12)

Séduction infernale

pour qu'ils s'inclinent et lui rendent hommage servile.
Surgie des abîmes de la mer et de ses forces obscures,
ou de la terre et des horreurs de l'Histoire,
partout elle étale sa folie et sa rage
pour ne laisser en héritage
que ruine et désespoir.

Qui donc osera se lever envers et contre tous
pour dénoncer sa funeste imposture ?
Qui donc, au péril de sa propre vie,
mettra fin au concert de complaisance
face aux puissants et à leurs empires
qui s'arrogent le pouvoir d'étouffer toute liberté
et s'acharnent à revendiquer autorité et vénération
comme s'ils étaient souverains de la terre et des cieux ?

Chapitre 14

Musiques et clameurs

Je vis ; et voici l'agneau debout sur la montagne de Sion, et avec lui cent quarante-quatre mille qui ont son nom et le nom de son Père écrits sur leurs fronts. J'entendis une voix du ciel comme la voix de multiples eaux, comme la voix d'un gros tonnerre, et la voix que j'entendis était comme celle de cithariste qui jouent de leurs cithares. Ils chantent une hymne nouvelle devant le trône, devant les quatre animaux, devant les anciens, et personne ne pouvait apprendre l'hymne sauf les cent quarante-quatre mille, les rachetés de la terre. Ceux-là ne se sont pas souillés avec des femmes ; en effet, ils sont vierges ; ils suivent l'agneau partout où il va. Ceux-là ont été rachetés d'entre les hommes, en prémices pour Dieu et pour l'agneau. Dans leurs bouches ne se trouva pas de mensonge : ils sont sans tache.

Et je vis un autre messager qui volait à mi-ciel, porteur d'un évangile éternel pour l'annoncer à ceux qui sont établis sur la terre, et à toute nation, toute tribu, toute langue et tout peuple, disant à voix forte : « Craignez Dieu et rendez-lui gloire ; oui, elle est venue, l'heure de son jugement, et prosternez-vous devant celui qui a fait le ciel et la terre, la mer et les sources des eaux. » Un autre messager, un deuxième, suivit et dit : « Elle est tombée, elle est tombée, Babylone la grande, elle qui a fait boire à toutes les nations le vin de la fureur de sa prostitution. » Et un autre messager, un troisième, les suivit en disant à voix forte : « Si quelqu'un se prosterne devant la bête et son image, et reçoit une marque sur son front ou sur sa main, il boira lui-même du vin de la fureur de Dieu, versé sans mélange dans la coupe de sa colère, et il sera tourmenté de feu et de soufre en présence des saints messagers et en présence de l'agneau. La fumée de leur tourment monte pour les éternités des éternités et ils n'ont pas de repos jour et nuit, ceux qui se prosternent devant la bête et son image, et quiconque reçoit la marque de son nom. »

C'est ici la résistance des saints, eux qui gardent les commandements de Dieu et la confiance en Jésus. J'entendis une voix venant du ciel :

« Écris : Bienheureux les morts qui dans le Seigneur sont morts, dès maintenant, oui, dit le souffle, qu'ils se reposent de leurs peines, leurs oeuvres en effet les suivent. »

Et je vis ; voici un nuage blanc ; et, assis sur le nuage, une sorte de fils d'homme portant sur la tête une couronne d'or et dans la main une faucille aiguisée. Un autre messager sortit du temple, criant à pleine voix vers celui qui est assis sur le nuage : « Envoie ta faucille et moissonne, car l'heure est venue de moissonner ; elle est sèche, la moisson de la terre. » Celui qui était assis sur le nuage jeta sa faucille contre la terre et celle-ci fut moissonnée. Un autre messager sortit du temple, celui qui est au ciel, et lui aussi portait une faucille aiguisée. Un autre messager encore sortit de l'autel de l'encens. Il avait pouvoir sur le feu, et il appela d'une voix forte celui qui portait la faucille aiguisée ; il lui dit : « Envoie ta faucille aiguisée et vendange les grappes de la vigne de la terre, car les raisins sont mûrs. » Le messager lança sa faucille contre la terre, il vendangea la vigne de la terre et la jeta dans la grande cuve de la fureur de Dieu. La cuve fut foulée hors de la ville, et le sang sortit de la cuve jusqu'aux mors des chevaux, sur mille six cents stades.

... voici l'agneau debout sur la montagne de Sion,

et avec lui cent quarante-quatre mille qui ont son nom

J'entendis une voix du ciel comme la voix

de multiples eaux ...

... la voix que j'entendis était comme celle de citharistes

qui jouent de leurs cithares.

... ils suivent l'agneau partout où il va. Ceux-là ont été

rachetés d'entre les hommes, en prémices pour

Dieu et pour l'agneau.

FOULE INVITÉE

Huile sur toile 61 cm x 51 cm

Échos célestes, musiques festives,
anges grandioses, anges magnifiques,
foule immense et jubilation éternelle,
c'est fête au pays de l'Agneau.
Voix multiples et musiques assorties
pour chanter un « *évangile éternel* » (14, 6).
Joie pour toutes les nations.

Volez, volez, musiques, entre ciel et terre.
Dites-nous la fin de l'horreur.
Dites-nous l'heure du jugement des semeurs de mort.
Dites-nous le bonheur
des « *morts qui dans le Seigneur sont morts* » (14, 13).

Musiques et clameurs

Dites-nous le mystère des blanches nuées
qui portent « *une sorte de fils d'homme* » (14, 14)
auréolé d'humanité nouvelle
et rayonnant de splendeur divine.

Ne vous taisez surtout pas, musiques d'éternité,
car ici-bas grondent toujours de funèbres clameurs,
complaintes d'une création défigurée,
requiem d'une humanité déchirée.

Montez, montez, musiques de nos regrets,
chants de nos repentirs
pour toucher le cœur de Dieu
et faire que jours de moisson et de vendange
soient jours de ravissement et d'allégresse
Et non jours de consternation et de deuil.

Chapitre 15

Cieux incertains

Alors je vis un autre signe dans le ciel, grand, étonnant :

sept messagers qui avaient sept fléaux ...

Et je vis comme une mer de verre transparent mêlée de feu,

et les vainqueurs de la bête et de son image et du chiffre

de son nom, debout sur la mer transparente ; ils avaient

des cithares de Dieu.

Ensuite je vis ; le temple de la tente du témoignage s'ouvrit

dans le ciel. En sortirent les sept messagers,

ceux qui avaient les sept fléaux, revêtus de lin pur et

resplendissant, et ceints à la poitrine d'une ceinture d'or.

J'entendis une voix forte qui sortait du temple et disait

aux sept messagers : « Allez verser les sept coupes ... »

Chapitre 15

Cieux incertains

Alors je vis un autre signe dans le ciel, grand, étonnant : sept messagers qui avaient sept fléaux, les derniers, car en eux s'accomplit la fureur de Dieu. Et je vis comme une mer de verre transparent mêlée de feu, et les vainqueurs de la bête et de son image et du chiffre de son nom, debout sur la mer transparente ; ils avaient des cithares de Dieu. Ils chantent l'hymne de Moïse, serviteur de Dieu, et l'hymne de l'agneau :

« Grandes, admirables, tes oeuvres,
Seigneur Dieu, le Puissant-sur-tout ;
justes et véridiques, tes chemins, roi des nations ;
qui donc ne te craindrait, Seigneur,
et ne glorifiera ton nom, car toi seul es sacré,
oui toutes les nations viendront
se prosterner en ta présence,
car tes jugements ont été manifestés. »

Ensuite je vis ; le temple de la tente du témoignage s'ouvrit dans le ciel. En sortirent les sept messagers, ceux qui avaient les sept fléaux, revêtus de lin pur et resplendissant, et ceints à la poitrine d'une ceinture d'or. L'un des quatre animaux donna aux sept messagers sept coupes en or pleines de la fureur de Dieu, le Vivant pour les éternités des éternités. Le temple fut rempli par la fumée de la gloire et de la puissance de Dieu ; personne ne pouvait entrer dans le temple que ne soient terminés les sept fléaux des sept messagers.

Alors je vis un autre signe dans le ciel, grand, étonnant :
sept messagers qui avaient sept fléaux ...
Et je vis comme une mer de verre transparent mêlée de feu,
et les vainqueurs de la bête et de son image et du chiffre
de son nom, debout sur la mer transparente ; ils avaient
des cithares de Dieu.
Ensuite je vis ; le temple de la tente du témoignage s'ouvrit
dans le ciel. En sortirent les sept messagers,
ceux qui avaient les sept fléaux, revêtus de lin pur et
resplendissant, et ceints à la poitrine d'une ceinture d'or.
J'entendis une voix forte qui sortait du temple et disait
aux sept messagers : « Allez verser les sept coupes ... »

DANS LA TENTE DES ANGES

Huile sur toile 51 cm x 61 cm

« *Je vis comme une mer de verre transparent,*
mêlée de feu » (15, 2).

Réputée redoutable et inhospitalière,
refuge des esprits mauvais et des forces hostiles,
la mer s'apaise soudain
alors que surgissent, debout et fiers,
« *les vainqueurs de la bête et de son image*
et du chiffre de son nom » (15, 2).
Avant que ne déferlent sur terre les ultimes fléaux,
le ciel fait signe de nouveau
et s'illumine d'espoir et d'étonnement.

Mais qu'ont-ils donc, ces vainqueurs,
à chanter l'hymne de Moïse ?
Il y a déjà si longtemps que les pharaons
ne règnent ni ne sévissent.

Cieux incertains

Existe-t-il d'autres endurcissements et d'autres oppressions
pour retenir captifs des peuples entiers
implorant délivrance et rêvant de terres promises ?

La mer s'apaise, mais les cieux s'agitent.
Pourquoi les quatre animaux familiers de la gloire divine
et les sept messagers aux vêtements de lumière
se font-ils porteurs de coupes brûlantes de colère ?
Pourquoi faut-il que le Temple se referme
et que la gloire de Dieu se couvre de fumée et de cendres ?

Dieu a-t-il besoin de tant de fureur
pour se faire entendre ?
Ses jugements doivent-ils faire trembler
pour que triomphe sa justice ?
Faut-il que nos lèvres trempent dans la coupe de la douleur
pour avoir le droit de chanter la grandeur de ses œuvres ?

Chapitre 16

Fureur depuis les cieux

J'entendis une voix forte qui sortait du temple et disait aux sept messagers : « Allez verser les sept coupes de la fureur de Dieu sur la terre. » Le premier alla verser sa coupe sur la terre, et ce fut un ulcère malin et pernicieux sur les hommes portant la marque de la bête et sur ceux qui se prosternaient devant son image. Le deuxième versa sa coupe sur la mer, et ce fut du sang comme celui d'un mort, et toute vie dans la mer mourut. Le troisième versa sa coupe sur les fleuves et les sources des eaux, et ce fut encore du sang. J'entendis le messager des eaux qui disait :

Juste es-tu, Celui qui est et qui était, et le Sacré,
parce qu'ainsi tu les jugeas :
puisqu'ils ont versé le sang des saints et des prophètes,
tu leur donnas à boire du sang,
et ils le méritent.
J'entendis l'autel de l'encens qui disait :
Oui, Seigneur Dieu, le Puissant-sur-tout,
véridiques et justes, tes jugements.

Le quatrième versa sa coupe sur le soleil, auquel il fut donné de brûler les hommes par le feu. Les hommes furent brûlés d'une grande brûlure, ils blasphémèrent le nom de Dieu, lui qui a pouvoir sur ces fléaux, et ils ne firent pas retour pour lui rendre gloire. Le cinquième versa sa coupe sur le trône de la bête, dont la royauté devint enténébrée ; et de douleur les hommes se mâchaient la langue. Ils blasphémèrent le Dieu du ciel à cause de leurs douleurs et de leurs ulcères, mais ils ne se détournèrent pas loin de leurs oeuvres.

Le sixième versa sa coupe sur le fleuve, le grand, l'Euphrate, et ses eaux furent asséchées pour ouvrir un chemin aux rois, ceux du soleil levant. Je vis sortir de la bouche du dragon et de la bouche de la bête et de la bouche du pseudo-prophète trois souffles impurs comme des grenouilles. Ce sont, oui, des souffles de démons faiseurs de signes ; ils sortent vers les rois du monde entier, ils les rassemblent pour la guerre, au grand jour de Dieu le Puissant-sur-tout.

Voici, je viens comme un voleur.

Heureux celui qui veille et garde ses vêtements pour qu'il ne marche pas nu et qu'on ne voie pas sa honte. Et ils rassemblèrent les rois au lieu appelé en hébreu Harmaguedôn.

Le septième versa sa coupe dans l'air ; une voix forte sortit du temple, parvenant du trône, et dit : « C'en est fait ! » Et ce furent des éclairs, des voix, des tonnerres, et un tremblement de terre survint, un violent, tel qu'il n'était pas survenu depuis que l'homme est sur terre, pareil tremblement de terre, oui, un aussi violent. La grande ville fut morcelée en trois parties et les villes des nations tombèrent ; Babylone la grande fut rappelée au souvenir de Dieu pour qu'il lui donne la coupe du vin de fureur de sa colère. Et toute île s'enfuit, et les montagnes, on n'en trouva plus. Et d'énormes grêlons de près d'un talent s'abattent du ciel sur les hommes ; ceux-ci blasphémèrent Dieu pour le fléau de la grêle, car grand est ce fléau, tout à fait.

J'entendis une voix forte qui sortait du temple

et disait aux sept messagers :« Allez verser

les sept coupes ... »

Je vis sortir de la bouche du dragon ...

comme des grenouilles.

GRENOUILLES ENFLAMMÉES

Huile sur toile 51 cm x 61 cm

Anges des cieux,
vous qui avez porté tant d'heureuses nouvelles
à un peuple éprouvé plus que de raison,
vous, si proches de l'Éternel et du Vivant,
n'avez-vous pas été créés pour la lumière
et non pour la colère ?
Pour clamer « Paix sur la terre »
et non « Que les cieux retentissent de colère » ?
Le ciel qui rougit et rugit de colère
est-il encore le ciel ?
La terre qui tremble de terreur et de dévastation
est-elle toujours l'œuvre aimée de Dieu ?

Fureur depuis les cieux

Anges des cieux,
Quand vous aurez déversé les coupes de la colère
et déclenché tous les tonnerres de Dieu,
oserez-vous encore louer Dieu
sans faire écho à nos humaines frayeurs ?
Oserez-vous revenir visiter nos contrées
pour annoncer la fin de nos souffrances ?

Anges des cieux,
parlez en notre faveur
et conjurez les cieux
pour que s'apaise leur fureur
et pour que « *celui qui a fait le ciel et la terre,*
la mer et les sources des eaux » (16, 7)
retrouve gloire et bonheur,
loin de tout fracas et de toute épouvante.

Chapitre 17
Abominations

Un des sept messagers aux sept coupes s'avança ; il me parla ainsi : « Viens. Je te montrerai le jugement de la prostituée, la grande, celle qui est assise sur les eaux multiples. Avec elle, ils se sont prostitués, les rois de la terre, et ils se sont enivrés, les habitants de la terre, au vin de sa prostitution. » Par inspiration, il me transporta dans un désert où je vis une femme assise sur une bête écarlate, chargée de noms de blasphème, et qui avait sept têtes et dix cornes. La femme était revêtue de pourpre et d'écarlate, parée d'or, de pierres précieuses et de perles. Elle tenait dans sa main une coupe d'or remplie d'abominations et des impuretés de sa prostitution. Et sur son front est écrit un nom, un mystère : Babylone la grande, la mère des prostituées et des abominations de la terre. Je vis la femme ivre du sang des saints et du sang des témoins de Jésus. Et je fus étonné, à sa vue, d'un grand étonnement.

Le messager me dit : « Pourquoi es-tu étonné ? Moi je te dirai le mystère de la femme et de la bête qui la porte, celle qui a sept têtes et dix cornes. La bête que tu vis était et n'est plus ; elle va monter de l'abîme et aller à sa perte. Ils s'étonneront, les habitants de la terre, ceux dont le nom n'a pas été inscrit au volume de la vie depuis la fondation de l'univers, ils s'étonneront en voyant la bête, car elle était et n'est plus et elle reviendra. C'est ici l'intelligence de qui a de la sagesse : les sept têtes, ce sont sept montagnes où la femme est assise, et ce sont sept rois. Cinq sont tombés, l'un existe, l'autre n'est pas encore venu et, lorsqu'il viendra, il doit demeurer peu de temps. La bête qui était et n'est plus est elle-même la huitième, pourtant elle fait partie des sept et elle va à sa perte. Les dix cornes que tu vis, ce sont dix rois qui n'ont pas encore reçu de royauté, mais reçoivent pouvoir de roi, une heure, avec la bête. Ceux-là ont un projet : leur puissance et leur pouvoir, ils les donnent à la bête. Ceux-là feront la guerre à l'agneau, mais l'agneau les vaincra, car il est le Seigneur des seigneurs et le Roi des rois, et les appelés, les élus, les fiables sont avec lui. » Il me dit encore : « Les eaux que tu vis, là où la prostituée est assise, ce sont des peuples et des foules, des nations et des langues. Les dix cornes que tu vis et la bête haïront la prostituée ; ils la rendront déserte et nue, et ils mangeront ses chairs et ils la feront se consumer dans le feu. Oui, Dieu leur a mis au coeur de réaliser son projet, un seul projet : donner leur royauté à la bête jusqu'à ce que soient accomplies les paroles de Dieu. Et la femme que tu vis est la ville, la grande, qui a royauté sur les rois de la terre. »

« Viens. Je te montrerai le jugement de la prostituée,

la grande, celle qui est assise sur les eaux multiples.

... je vis une femme assise sur une bête écarlate ...

qui avait sept têtes et dix cornes.

La femme était revêtue de pourpre et d'écarlate ...

Elle tenait dans sa main une coupe d'or

... les sept têtes, ce sont sept montagnes où la femme

est assise, et ce sont sept rois. Les dix cornes

que tu vis, ce sont dix rois qui n'ont pas encore reçu

de royauté ...

Il me dit encore : Les eaux que tu vis, là où la prostituée est

assise, ce sont des peuples et des foules,

des nations et des langues.

SOUS LE RÈGNE ANIMAL

Huile sur toile 61 cm x 51 cm

Tout s'emmêle et tout se brouille :
« *Celle qui est assise sur les eaux multiples* » (17, 1)
est-elle femme ou est-elle ville ?
Ses parures sont-elles d'élégance ou d'abomination ?
Ses têtes, d'intelligence vive ou de lugubres machinations ?
De quelle ivresse son cortège est-il grisé ?

Le nom de la femme est mystère.
Sa renommée est de sang et de mort.
Oui, c'est elle, l'infâme, l'impudente,
la plus que détestable,
« *Babylone la grande, la mère des prostituées*
et des abominations de la terre » (17, 5).

Abominations

Elle est femme, ville, montagnes et royaumes.
Sa fureur dépasse l'entendement
et sous apparence de régner sur l'ensemble de la terre,
elle ne fait que provoquer la guerre en tout lieu.
Son règne n'est que de violence et de haine
et son royaume n'est que de sang et de larmes.

Elle vocifère à tous les vents ses blasphèmes et titube de rage,
ivre qu'elle est d'avoir versé tant de sang,
semé tant de larmes au pays des morts-vivants.
Elle a beau renaître des plaies qui l'affligent,
l'heure de son jugement a sonné.

« *L'agneau... le Seigneur des seigneurs et le Roi des rois* » (17, 14)
se dresse à son tour, entouré de son propre cortège.
Formant royaume jusque-là inconnu,
sans autre tribut que justice et compassion
ni d'autres lois que d'aimer jusqu'à l'extrême de l'Amour.

Chapitre 18

Villes vampires

Après cela, je vis un autre messager descendre du ciel ; il avait un grand pouvoir, et la terre fut illuminée de sa gloire. Il cria d'une voix forte : « Elle est tombée, elle est tombée, Babylone la grande, elle est devenue refuge de démons et repaire de tout souffle impur, repaire de tout oiseau impur, repaire de toute bête impure et haïe. Toutes les nations ont bu le vin de la fureur de sa prostitution, les rois de la terre se sont prostitués avec elle et les marchands de la terre se sont enrichis de l'excès de son luxe. » J'entendis une autre voix du ciel : « Sortez, ô mon peuple, de chez elle, que vous ne soyez pas en communion avec ses fautes et que vous ne receviez pas de ses fléaux. Ses fautes se sont empilées jusqu'au ciel et Dieu s'est souvenu de ses actes d'injustice. Rendez-lui comme elle-même a rendu, doublez le double de ses oeuvres et, dans la coupe où elle a mélangé, doublez le mélange pour elle. Autant elle s'est glorifiée dans le luxe, autant donnez-lui d'accablement et de deuil, car en son coeur elle dit : "Je vais siéger, reine ; et je ne suis pas veuve ; que je ne voie aucun deuil." À cause de cela, en un jour arriveront ses fléaux : mort, deuil, famine ; et elle sera consumée dans le feu. Car il est fort, le Seigneur Dieu qui la jugea. » Ils pleureront, ils se frapperont la poitrine à son propos, les rois de la terre qui se sont prostitués avec elle et ont vécu dans le luxe, quand ils regarderont la fumée de son incendie. Se tenant loin, par crainte de son tourment, ils diront :

Malheur, malheur, la ville, la grande, Babylone, la ville, la forte, puisqu'en une heure survint ton jugement. Les marchands de la terre pleureront sur elle et s'endeuilleront. Personne n'achète plus leurs cargaisons. Cargaisons d'or, d'argent, de pierres précieuses, de perles, de lin, de pourpre, de soie, d'écarlate, de tous bois de senteur, de tous ustensiles d'ivoire, de tous objets du bois le plus précieux, d'airain, de fer, de marbre, de cannelle, d'amome, de parfums, de myrrhe, d'encens, de vin, d'huile, de fleur de farine, de blé, de boeufs, de moutons, de chevaux, de chariots, d'esclaves, corps et âme. Et le fruit de la convoitise de ton âme s'est éloigné de toi, et toute opulence, toute splendeur ont été perdues loin de toi, jamais plus on ne les trouvera. Les négociants qui se sont enrichis sur elle se tiendront au loin par crainte de son accablement, et en pleurs et en deuil ils disent : Malheur, malheur, la ville, la grande, la vêtue de lin, de pourpre et d'écarlate, la dorée d'or, de pierres précieuses et de perles, en une heure si grande richesse est devenue déserte. Tous les pilotes et tous ceux qui naviguent en ce lieu, les matelots et tous ceux qui travaillent en mer se tinrent à distance. Ils criaient en regardant la fumée de son incendie : « Qui est semblable à la ville, la grande ? » Ils jetèrent de la poussière sur leurs têtes et en deuil ils criaient en pleurant : Malheur, malheur, la ville, la grande, où se sont enrichis de sa cherté tous ceux qui avaient des navires en mer parce qu'en une heure elle est devenue déserte. Réjouis-toi donc sur elle, ô ciel ; vous aussi, les saints, les envoyés, les prophètes, car Dieu a jugé selon votre jugement contre elle. Un messager puissant souleva une pierre grande comme une meule, il la jeta dans la mer et dit : Ainsi d'un élan sera jetée Babylone, la grande ville, et désormais on ne la trouvera plus, et les voix des citharistes, des musiciens, des flûtistes et des trompettistes ne seront plus entendues chez toi ; aucun artisan d'aucun art ne se trouvera plus chez toi désormais ; la voix de la meule ne sera plus entendue chez toi encore ; aucune lumière de lampe ne brillera plus chez toi désormais, la voix de l'époux et de l'épouse ne sera plus entendue chez toi encore, car tes marchands étaient les grands de la terre, car avec ton poison elles ont été égarées, toutes les nations. Chez elle fut trouvé le sang des prophètes et des saints et de tous les égorgés de la terre.

… je vis un autre messager descendre du ciel; il avait un grand pouvoir, et la terre fut illuminée de sa gloire.

Toutes les nations ont bu le vin …

… les rois de la terre se sont prostitués avec elle

… en son cœur elle dit : « Je vais siéger, reine … »

… elle sera consumée dans le feu.

… Ils pleureront … les rois de la terre qui se sont prostitués avec elle et ont vécu dans le luxe, quand ils regarderont la fumée de son incendie.

ÉCHEC AUX ROIS

Huile sur toile 51 cm x 61 cm

Longue, interminable, hélas,
défile dans l'Histoire
la liste des villes empires, villes vampires.
Quels que soient les exploits de leurs conquêtes,
la splendeur de leurs monuments et de leur culture,
elles sont toutes de même race et de même
suprême arrogance.

Malheur, malheur à vous,
villes empires, villes vampires,
conquérantes et altières,
vous vous imaginez sur les plus hautes cimes,
à hauteur d'un dieu,
mais ne savez pas vous montrer à hauteur d'humanité.

Villes vampires

Vous voilà toutes soumises
à jugement de plus grand que vous.
Il n'est pas loin le jour
où vous serez fustigées et foudroyées
pour vos injustes et inhumaines pratiques.

Inconsolable sera votre malheur.
Mais vous reste-t-il un soupçon d'âme et d'humanité
pour savoir ce que malheur veut dire,
vous qui, du temps de vos conquêtes,
tiriez satisfaction des malheurs qui par vous s'abattaient
sur des peuples pour qui vous n'aviez que mépris ?

Mais vous qui encore et toujours
rêvez de justice et de paix,
malgré tant d'inconscience et d'inhumanité,
malgré tant de carnage et de pillage,
pleurez vous aussi et criez à pleine voix,
mais de joie et de bonheur
avec « *tous les saints, les envoyés,*
les prophètes » (18, 20).

Car le Dieu de justice et paix
a rendu son jugement sur toutes
les Babylone de ce monde.
Villes empires, villes vampires,
elles ont tout aspiré des biens et de l'âme
des peuples,
mais rien, plus rien ne subsistera
de leur insatiable soif de grandeur.

Chapitre 19

Jubilation

Après cela j'entendis comme une grande voix de foule nombreuse dans le ciel et qui disait : Alléluia ! Le salut et la gloire et la puissance à notre Dieu ; véridiques et justes, ses jugements, car il a jugé la prostituée, la grande, qui a corrompu la terre par sa prostitution, et il a vengé le sang de ses serviteurs qu'elle a répandu de ses mains. Une deuxième fois ils dirent :

Alléluia !
Sa fumée monte pour les éternités des éternités. Les vingt-quatre anciens et les quatre animaux tombèrent et se prosternèrent devant Dieu qui siège sur le trône, disant : « Amen. Alléluia ! »
Une voix provenant du trône dit : Louez notre Dieu, vous tous, ses serviteurs, vous qui êtes dans sa crainte, les petits et les grands. J'entendis comme une voix de foule nombreuse, comme une voix d'eaux multiples, comme une voix de forts tonnerres :
Alléluia !
Car il règne, le Seigneur notre Dieu, le Puissant-sur-tout.
Réjouissons-nous, exultons, rendons-lui gloire, car les noces de l'agneau sont venues, et son épouse s'est préparée, il lui a été donné de se revêtir de lin pur, resplendissant ; oui, le lin, c'est la justice de l'action des saints.

Le messager me dit : « Écris : Heureux ceux qui sont appelés au repas de noce de l'agneau. » Et il ajouta : « Voilà les paroles véridiques de Dieu. » Je tombai à ses pieds pour me prosterner devant lui. Mais il me dit : « Non ! Vois : Je suis un serviteur comme toi et tes frères qui avez le témoignage de Jésus. Tu te prosterneras devant Dieu. Oui, le témoignage de Jésus est le souffle de la prophétie. » Je vis le ciel ouvert ; et voici un cheval blanc, et son cavalier s'appelle Fiable et Véridique ; c'est avec justice qu'il juge et fait la guerre. Ses yeux sont comme une flamme de feu, sur sa tête il porte plusieurs diadèmes et il a un nom inscrit sur lui, que personne ne connaît, sauf lui-même. Il est enveloppé d'un manteau trempé de sang, et de son nom il s'appelle la Parole de Dieu. Les armées du ciel le suivent sur des chevaux blancs, vêtus de lin blanc et pur. De sa bouche sort un glaive acéré pour frapper les nations ; il les mène avec un sceptre de fer, et c'est lui qui foule au pressoir le vin de fureur de la colère de Dieu le Puissant-sur-tout. Il a sur son vêtement et sur sa cuisse un nom écrit : « Roi des rois et Seigneur des seigneurs ». Je vis un messager debout dans le soleil, et il cria d'une voix forte à tous les oiseaux qui volaient à mi-ciel : « Venez, rassemblez-vous au grand repas de Dieu pour manger les chairs des rois et les chairs des chefs d'armée et les chairs des forts et les chairs des chevaux et de leurs cavaliers et les chairs de tous, affranchis et esclaves, petits et grands. » Je vis la bête et les rois de la terre et leurs armées rassemblés pour faire la guerre au cavalier et à ses armées.

La bête fut capturée et avec elle le pseudo-prophète qui avait fait en sa présence les signes par quoi il égara ceux qui avaient reçu la marque de la bête et qui s'étaient prosternés devant son image. Tous deux furent jetés vivants dans l'étang de feu brûlant de soufre. Les autres furent tués par le glaive qui sort de la bouche du cavalier, et tous les oiseaux furent rassasiés de leurs chairs.

Je vis le ciel ouvert; et voici un cheval blanc,

et son cavalier...

... sur sa tête il porte plusieurs diadèmes ...

Il est enveloppé d'un manteau trempé de sang ...

Je vis un messager debout dans le soleil,

et il cria d'une voix forte à tous

les oiseaux qui volaient à mi-ciel :

« Venez, rassemblez-vous ... »

L'APPEL AU GRAND RASSEMBLEMENT

Huile sur toile 61 cm x 51 cm

Sur terre et dans les cieux,
existe-t-il assez de musiques et de refrains
pour chanter la victoire et le règne
du plus valeureux des cavaliers,
vainqueur de l'ultime combat
par la seule force de sa Parole
et d'un amour signé d'un suprême abandon ?

Résonnez, voix célestes et terrestres,
« *voix de foule nombreuse,*
comme une voix d'eaux multiples,
comme une voix de forts tonnerres » (19, 6).
Faites entendre vos joyeux alléluias
et jouez sans fin vos divines musiques :
c'est fête dans les cieux,
jour de grande victoire et d'éternelle réjouissance,
« *car les noces de l'agneau sont venues* » (19, 7).

Jubilation

Le ciel s'est ouvert et plus jamais ne se refermera.
Il s'illumine pour ne plus jamais s'éteindre
et s'anime de voix puissantes et accordées
pour jouer l'unique et éternelle symphonie
où gloire divine et humaine béatitude se fondent en harmonie.

Ô vous, témoins éternels et infatigables messagers
de la gloire divine,
ô vous, martyrs d'ici-bas et d'inqualifiables oppressions,
chantez en chœur les alléluias et les vivats
qui célèbrent le triomphe du courage sur la peur,
de la vie sur la mort,
de l'amour sur la haine.

Chapitre 20

Feu la mort

Je vis un messager descendre du ciel avec la clé de l'abîme et une grande chaîne dans sa main. Il s'empara du dragon, l'antique serpent, qui est le Diviseur et l'Adversaire, et il l'attacha pour mille ans. Puis il le jeta dans l'abîme qu'il ferma et scella sur lui afin qu'il n'égare plus les nations jusqu'à la fin des mille ans ; après cela il doit être délivré pour un peu de temps. Je vis des trônes ; à ceux qui y siégèrent il fut donné pouvoir de juger ; je vis aussi les âmes de ceux qui avaient été décapités à cause du témoignage de Jésus et de la parole de Dieu, et qui ne se sont pas prosternés devant la bête ni devant son image et qui n'ont pas reçu sa marque sur le front ou sur la main, et ils vécurent et régnèrent avec le Christ pendant mille ans. Les autres morts ne vécurent pas jusqu'à la fin des mille ans. Tel est le premier relèvement. Heureux et saints ceux qui ont part au premier relèvement. Sur eux la seconde mort n'a pas de pouvoir, mais ils seront prêtres de Dieu et du Christ et ils régneront avec lui mille ans.

Lorsque seront accomplis les mille ans, l'Adversaire sera délivré de sa prison. Il sortira pour égarer les nations aux quatre coins de la terre, Gog et Magog, il les rassemblera en vue de la guerre, eux dont le nombre est comme le sable de la mer. Ils montèrent sur l'étendue de la terre, ils encerclèrent le camp des saints et la ville bien-aimée, mais descendit du ciel un feu qui les dévora. Et le Diviseur, lui qui les égare, fut jeté dans l'étang de feu et de soufre où sont aussi la bête et le pseudo-prophète, et ils seront tourmentés jour et nuit pour les éternités des éternités. Je vis un grand trône blanc ; celui qui y siège, terre et ciel fuyaient loin de son visage, et on ne leur trouva plus de lieu. Je vis les morts, les grands et les petits, debout devant le trône. Des volumes furent ouverts, et un autre volume fut ouvert, celui de la vie, et les morts furent jugés, d'après ce qui est écrit dans les volumes, selon leurs oeuvres. La mer donna ses morts, la Mort et l'Hadès donnèrent leurs morts ; ils furent jugés chacun selon ses oeuvres. Et la Mort et l'Hadès furent jetés dans l'étang de feu. Cette mort, la seconde, est l'étang de feu. Quiconque ne fut pas trouvé inscrit au volume de la vie fut jeté dans l'étang de feu.

Je vis un messager descendre du ciel avec la clé de l'abîme

et une grande chaîne dans sa main.

Il s'empara du dragon, l'antique serpent… et il l'attacha

pour mille ans. Puis il le jeta dans l'abîme…

Je vis un grand trône blanc; celui qui y siège…

… un autre volume fut ouvert, celui de la vie…

LES PEURS ENCHAÎNÉES

Huile sur toile 51 cm x 61 cm

Étrange lieu que cet abîme innommable !
Est-il berceau ou tombeau
des plus sinistres fantômes ?
Ils sont tous là :
Dragon, antique serpent,
diviseur et adversaire,
Bête et pseudo-prophète,
ennemis jurés de tous les mortels,
toujours assoiffés de guerre et de violence.
Leur règne n'aura donc jamais de fin ?
Et les mortels aucun répit ?

Mais le temps du Dragon et de sa triste cohorte
est désormais compté.
D'aussi loin que puisse jaillir leur fureur,
ils n'auront bientôt plus aucun pouvoir

sur ceux et celles qui leur ont résisté
et ont choisi un tout autre royaume,
un autre Seigneur :
« *Heureux et saints,*
ceux qui ont part au premier relèvement.
Sur eux la seconde mort n'a pas de pouvoir » (20, 6).

Engloutis, tous les semeurs de discordes
et avec eux, toutes les puissances de mort :
« *La Mort et l'Hadès furent jetés dans*
l'étang de feu » (20, 14),
cet enfer de tous les enfers.
Seul subsistera pour toute éternité
un royaume de Vie et de Lumière
où se rencontrent toutes les promesses divines
et les espérances humaines de tous les au-delàs.

Chapitre 21

Visage de lumière

La ville, la sainte, la Jérusalem nouvelle, je la vis descendre

du ciel, d'auprès de Dieu, apprêtée

comme une fiancée, parée pour son époux.

Et vint l'un des sept messagers ... ; il me parla ainsi :

« Viens. Je te montrerai l'épouse, la femme de l'agneau. »

Les fondations de la muraille de la ville étaient ornées de

toutes sortes de pierres précieuses.

La ville n'a nul besoin que le soleil et la lune brillent sur

elle; la gloire de Dieu l'illumine, et sa lampe,

c'est l'agneau.

Chapitre 21

Visage de lumière

Je vis un ciel nouveau et une terre nouvelle ; car le premier ciel et la première terre s'en sont allés, et la mer n'est plus. La ville, la sainte, la Jérusalem nouvelle, je la vis descendre du ciel, d'auprès de Dieu, apprêtée comme une fiancée, parée pour son époux. J'entendis une voix forte venant du trône : « Voici la tente de Dieu avec les hommes, et il dressera sa tente avec eux, et ils seront ses peuples, et lui, Dieu-avec-eux, sera leur Dieu. Il essuiera toute larme de leurs yeux, la mort désormais ne sera plus ; deuil, cri, douleur désormais ne seront plus, car les premières choses s'en sont allées. » Celui qui siège sur le trône dit : « Voici : je crée toutes choses nouvelles. » Il dit encore : « Écris. Ces paroles-ci sont fiables et véridiques. » Et il me dit : « Elles sont arrivées. Moi, je suis l'Alpha et l'Oméga, le commencement et la fin. Moi, celui qui a soif, je lui donnerai à boire la source des eaux de la vie, gratuitement. Le vainqueur héritera de cela, pour lui je serai Dieu et il sera pour moi un fils. Quant aux lâches, aux infidèles, aux abominés, aux meurtriers, aux prostitués, aux empoisonneurs, aux idolâtres et à tous les menteurs, leur part se trouve dans l'étang brûlant de feu et de soufre, qui est la seconde mort. »

Et vint l'un des sept messagers qui tenaient les sept coupes, celles qui étaient pleines des sept fléaux, les derniers ; il me parla ainsi : « Viens. Je te montrerai l'épouse, la femme de l'agneau. » Par inspiration, il me transporta sur une haute et grande montagne et me montra la ville, la sainte, Jérusalem qui descendait du ciel, d'auprès de Dieu. Elle avait la gloire de Dieu ; elle éclatait de lumière comme une pierre très précieuse, comme une pierre de jaspe cristallin. Elle avait une épaisse muraille élevée, avec douze portes, et à celles-ci douze messagers et des noms inscrits, ceux des douze tribus des fils d'Israël ; à l'orient, trois portes ; au septentrion, trois portes ; au midi, trois portes ; à l'occident, trois portes. La muraille de la ville avait douze fondations, et sur elles les douze noms des douze envoyés de l'agneau. Celui qui me parlait avait une mesure, un roseau d'or, pour mesurer la ville, ses portes, sa muraille. La ville était quadrangulaire, sa longueur égalant sa largeur. Il mesura la ville avec le roseau sur douze mille stades ; sa longueur, sa largeur et sa hauteur étaient égales. Il mesura sa muraille, soit cent quarante-quatre coudées, mesure d'homme, mesure de messager. Le revêtement de sa muraille était de jaspe et la ville était d'or pur semblable à du verre limpide. Les fondations de la muraille de la ville étaient ornées de toutes sortes de pierres précieuses : la première fondation, de jaspe ; la deuxième, de saphir ; la troisième, de calcédoine ; la quatrième, d'émeraude ; la cinquième, de sardonyx ; la sixième, de sardoine ; la septième, de chrysolithe ; la huitième, de béryl ; la neuvième, de topaze ; la dixième, de chrysoprase ; la onzième, d'hyacinthe ; la douzième, d'améthyste. Les douze portes, douze perles : chacune des portes était faite d'une perle. La place de la ville était d'or pur comme du verre transparent. Je ne vis pas de temple dans la ville, car le Seigneur Dieu, le Puissant-sur-tout, est son temple, ainsi que l'agneau. La ville n'a nul besoin que le soleil et la lune brillent sur elle ; la gloire de Dieu l'illumine, et sa lampe, c'est l'agneau. Les nations marcheront à sa lumière, les rois de la terre lui apportent leur gloire. Ses portes ne seront pas fermées de jour ; en fait, il n'y aura pas de nuit. On lui apportera la gloire et l'honneur des nations. Il n'y entrera jamais rien de souillé, ni aucun faiseur d'abominations, ni aucun menteur, mais seuls ceux qui sont inscrits au volume de vie de l'agneau.

La ville, la sainte, la Jérusalem nouvelle, je la vis descendre

du ciel, d'auprès de Dieu, apprêtée

comme une fiancée, parée pour son époux.

Et vint l'un des sept messagers ... ; il me parla ainsi :

« Viens. Je te montrerai l'épouse, la femme de l'agneau. »

Les fondations de la muraille de la ville étaient ornées de

toutes sortes de pierres précieuses.

La ville n'a nul besoin que le soleil et la lune brillent sur

elle; la gloire de Dieu l'illumine, et sa lampe,

c'est l'agneau.

MARIAGE À LA VILLE

Huile sur toile 51 cm x 61 cm

Oubliez, ne cherchez plus
Jérusalem douleur, Jérusalem-les-Pleurs.
Oubliez, ne cherchez plus
Jérusalem meurtrie, Jérusalem-les-Plaies.
Ne cherchez plus à consoler
Jérusalem l'esseulée, Jérusalem l'endeuillée,
Jérusalem forteresse, Jérusalem-la-Détresse.

Ses murs ne sont plus de méfiance et de haine
ni ses remparts de défi et de provocation.
Jérusalem n'est plus à l'heure des temples
et des religions qui rassemblent, mais aussi divisent.
Dieu et l'Agneau s'invitent aujourd'hui
pour s'établir à demeure
au coeur d'une humanité
sans frontières ni bannières,
réconciliée au-delà de tout credo.

Visage de lumière

Venez, accourez,
célébrez Jérusalem bonheur, Jérusalem-les-Cris-de-Joie.
Venez, accourez,
dansez dans les rues de Jérusalem-la-Pacifiée,
les cris qui retentissent en ce royaume
ne sont plus que joie et indicible jubilation,
car Dieu et l'Agneau brillent d'éternelle splendeur
pour ces multitudes pèlerines, venues de tous horizons,
formant unique cortège et offrant même concert de louange.

Resplendis, Jérusalem-de-toutes-les-Nations
Rayonne, Jérusalem-de-tous-les-Bonheurs :
« *La mort désormais ne sera plus ;*
deuil, cri, douleur, désormais ne seront plus » (21, 4).
Jérusalem l'ancienne n'est plus.
Jérusalem nouvelle a pour toujours
visage de lumière.

Chapitre 22

Ferveur d'avenir

Puis le messager me montra un fleuve d'eau de la vie resplendissant comme du cristal et qui jaillissait du trône de Dieu et de l'agneau. Au milieu de la place de la ville et des deux bras du fleuve un arbre de vie fructifiait, douze fois : chaque mois il rend ses fruits, et les feuilles de l'arbre servent à guérir les nations. Il n'y aura plus de malédiction désormais ; le trône de Dieu et de l'agneau sera là, et ses serviteurs lui rendront un culte. Ils verront son visage, son nom sera sur leurs fronts. Il n'y aura plus de nuit désormais, ils n'auront plus besoin de la lumière d'une lampe ni de la lumière du soleil, car le Seigneur Dieu les illuminera et ils régneront pour les éternités des éternités.

Il me dit : « Voilà des paroles fiables et véridiques. Le Seigneur, le Dieu du souffle des prophètes, envoya son messager pour montrer à ses serviteurs ce qui doit arriver au plus vite. Voici ; je viens vite. Heureux celui qui garde les paroles de la prophétie de ce volume. »

Et moi, Jean, j'entendis et je vis tout cela. Et lorsque j'entendis et je vis, je tombai pour me prosterner aux pieds du messager qui me montrait tout cela. Il me dit : « Non ! Vois : Je suis un serviteur comme toi et tes frères les prophètes et ceux qui gardent les paroles de ce volume.

Devant Dieu, tu te prosterneras. » Il me dit : « Ne scelle pas les paroles de la prophétie de ce volume ; oui, le moment est proche. L'injuste qu'il commette encore l'injustice, et le souillé qu'il se souille encore, et le juste qu'il fasse encore oeuvre de justice, et le saint qu'il se sanctifie encore. Voici ; je viens vite, et mon salaire avec moi, pour rendre à chacun selon son oeuvre. Moi, je suis l'Alpha et l'Oméga, le premier et le dernier, le commencement et la fin. Heureux ceux qui lavent leurs robes afin d'avoir droit à l'arbre de la vie et d'entrer par les portes dans la ville. Dehors les chiens et les empoisonneurs, et les prostitués et les meurtriers et les idolâtres et quiconque aime faire le mensonge. » Moi, Jésus, j'envoyai mon messager pour vous attester cela sur les communautés. Moi, je suis le rejeton et la race de David, l'étoile, la brillante, la matinale. Le souffle et l'épouse disent : « Viens. » Celui qui écoute, qu'il dise : « Viens. » Que l'assoiffé vienne, celui qui le veut, qu'il prenne l'eau de la vie, gratuitement. Moi je témoigne à qui écoute les paroles de la prophétie de ce volume : si quelqu'un y ajoute, Dieu lui ajoutera les fléaux décrits dans ce volume ; si quelqu'un enlève des paroles du volume de la prophétie, Dieu lui enlèvera sa part de l'arbre de la vie et de la ville, la sainte, selon ce qui est décrit dans ce volume. Il dit, le témoin de ces choses : « Oui, je viens vite. » Amen, viens, Seigneur Jésus. La grâce du Seigneur Jésus avec tous.

Puis le messager me montra un fleuve d'eau de la vie ...

qui jaillissait du trône de Dieu ...

Au milieu de la place de la ville et des deux bras du fleuve

un arbre de vie fructifiait ... chaque mois

il rend ses fruits ...

... le trône de Dieu ... sera là, et ses serviteurs

lui rendront un culte

Moi, je suis ... l'étoile, la brillante, la matinale.

LE ROI DES JUSTES

Huile sur toile 51 cm x 61 cm

Finis les jours de colère.
Passées les nuits de frayeur.
Disparus les champs de bataille et de ruines.
Voici que se lève un jour sans déclin
éclairé par un astre singulier
plus brillant que toutes les étoiles réunies
éclatant de résurrection :
Voici « *l'Alpha et l'Oméga, le premier et le dernier,*
le commencement et la fin » (22, 13).

C'est jour nouveau pour toute créature.
Voici que jaillit un fleuve puissant
dont les eaux ont couleur et saveur de paradis.
Là, « *depuis le trône de Dieu et de l'Agneau* » (22, 1),
les eaux du fleuve alimentent un arbre de vie
qui donne, en toutes saisons,

Ferveur d'avenir

ramure, floraison et fruits prodigieux
voués à la guérison et au bonheur des nations.

Ce paradis de lumière et de ravissement
ravive l'ardeur des anciennes promesses
et la ferveur des attentes d'aujourd'hui,
car il vient de l'avenir
Celui-là même qui nous a précédés
dans l'au-delà de la mort et de ses malédictions.

C'est vers lui que nos cœurs se tournent
de joyeuse impatience et d'espérance sublime :
« Amen, viens !
Amen, viens vite !
Amen, viens, ô Toi, le Ressuscité ! »

DEUXIÈME PARTIE

Passerelles

L'Apocalypse et ses symboles

Mis à part les quatre évangiles, l'*Apocalypse* de Jean est sans contredit le livre du Nouveau Testament qui a été le plus illustré. Mosaïques, icônes, fresques, peintures, tapisseries, enluminures, gravures, et que sais-je encore, ont puisé dans ce livre comme à une source puissante et intarissable, pour le plus grand bonheur des artistes qui les ont conçues, mais aussi d'un public sans doute encore plus large que celui de l'œuvre écrite originale. Bon nombre de ces créations artistiques, en effet, ont été exposées dans les plus grandes cathédrales et les plus grands musées du monde.

Les symboles dans l'*Apocalypse* sont légion, au point où saint Jérôme pouvait déjà affirmer au IVe siècle : « L'*Apocalypse* contient autant de mystères que de mots. C'est encore trop peu dire ; vu le mérite de ce volume, toute louange est insuffisante ; en chacun des mots se cachent des sens multiples » (*Lettre LIII. À Paulin, prêtre*, § 9). En bref, et en traduisant librement, on pourrait dire : « Dans l'*Apocalypse* tout n'est que symboles. »

Mais il n'y a pas que le nombre qui impressionne. Tout aussi remarquables sont l'originalité et l'audace de certaines images, de même que la manière dont elles sont agencées. Elles défilent en cascade, s'entrechoquent, se fondent les unes dans les autres en surimpression, pourrions-nous dire. L'auteur s'impose comme un grand créateur qui aura pris plaisir à exploiter la théâtralité de son sujet. Il m'arrive de rêver et de me demander ce que son œuvre pourrait donner en version « moulin à images » d'un créateur comme Robert Lepage.

L'*Apocalypse* est donc un paradis pour les artistes et l'intégrale de l'œuvre de Gabriel Landry, avec ses 22 tableaux, en est une preuve additionnelle qui ne peut qu'en rafraîchir notre lecture. Voilà un artiste qui s'est laissé interpeller et accrocher par la symbolique foisonnante de l'*Apocalypse* et qui a choisi non seulement d'extraire, mais aussi d'agencer en un tout à la fois explosif et unifié un nombre important de ces symboles.

Il nous est vite apparu, à la suite notamment de la première exposition publique des tableaux de Gabriel Landry, que le public était avide d'en savoir plus sur l'origine, le sens et la portée des symboles qu'il a retenus parmi tant d'autres de l'œuvre de Jean.

Cette seconde partie ne prétend pas à l'exhaustivité, mais constitue le lexique le plus élaboré qu'il m'ait été donné de produire sur le monde des symboles de l'*Apocalypse*. Quarante mots ont été retenus, et le traitement de chacun se veut ouvert et suggestif. On a surtout voulu cartographier les sens possibles et fournir certains points de repère jugés essentiels.

Cela dit, quelques remarques préliminaires s'imposent.

1. Tout au long de ce parcours, on gardera présent à l'esprit l'énoncé fondamental de Paul Ricœur : « Le symbole donne à penser. » Il n'y a pas lieu d'imposer « un » sens, mais il s'agit plutôt d'ouvrir aux sens que peut receler tel ou tel symbole. On n'explique pas les symboles : on se laisse porter par eux et par leur puissance d'évocation.

2. Jean n'a pas opéré dans un vacuum littéraire, culturel et théologique, et il n'a pas créé de toutes pièces les symboles qui jalonnent son œuvre. Bon nombre des symboles qu'il utilise avaient déjà cours depuis longtemps dans les religions anciennes : mésopotamiennes, égyptiennes,

babyloniennes, perses, hellénistiques, notamment pour le symbolisme astral et pour la représentation de la cour céleste avec sa multitude d'anges et de chérubins. Il faudra toujours en tenir compte, mais on comprendra qu'il n'y ait pas lieu d'étendre l'enquête ici à un domaine aussi vaste, qu'on pourra par ailleurs explorer à partir de dictionnaires des symboles et d'autres ouvrages apparentés.

3. De toute évidence, Jean est redevable de la Bible – essentiellement l'Ancien Testament –, et de l'apocalyptique juive qui connaissait son apogée au premier siècle avant et après Jésus-Christ. Cela dit, l'originalité de Jean réside précisément dans l'extraordinaire synthèse qu'il a faite de ses sources et dans la fluidité avec laquelle il a pu les intégrer à son œuvre.

4. Les symboles de Jean peuvent nous paraître déroutants, et certains comme le caillou blanc, les quatre cavaliers, les multiples têtes et cornes de la Bête, le chiffre de son nom, les sauterelles géantes, le règne des mille ans et plusieurs autres ont suscité une extrême variété d'explications, sans qu'aucune ait pu faire vraiment consensus à ce jour. Mais là encore, pourquoi faudrait-il essayer d'imposer un sens ? Ne serait-ce pas tuer la beauté du symbole ?

5. Même si l'écrivain artiste qu'est Jean n'a pas à épeler ou à faire lui-même l'exégèse des symboles qu'il utilise, on lui saura gré de nous avoir alertés à la dimension proprement symbolique de son œuvre : « Quant au mystère des sept étoiles [...] et aux sept lampadaires d'or : les sept étoiles sont les messagers des sept communautés et les sept lampadaires sont les sept communautés » (1, 20), ou : « [...] la grande ville *qu'on nomme spirituellement* Sodome et Égypte [...] » (11, 8), ou encore « Sur son front est écrit un nom, un mystère : Babylone la grande » (17, 5).

6. Les mots français qui figurent en tête de chacune des entrées sont suivis de parenthèses contenant habituellement deux chiffres séparés par une barre oblique. Ces deux chiffres indiquent *respectivement* le total d'occurrences du mot grec correspondant dans l'*Apocalypse* et le total pour l'ensemble du Nouveau Testament. Ainsi, l'entrée *Agneau* (29/30) indique que l'*Apocalypse* comprend la quasi-totalité des trente emplois du même mot grec dans le Nouveau Testament. De même, l'entrée *Alpha et oméga (3/3*) révèle que la combinaison des deux mots est exclusive à l'*Apocalypse.* On notera que la plupart des quarante mots retenus figurent soit en première place pour la fréquence soit dans une position avantageuse.

Bref, le but de l'exercice est en quelque sorte d'ouvrir des fenêtres sur les symboles de l'*Apocalypse* ou, pour employer une image qui sied si bien à cette œuvre, de capter les faisceaux lumineux à travers les vitraux confectionnés par Jean. L'ordre proposé est alphabétique, mais chacun et chacune demeurent libres de suivre l'itinéraire qui leur convient.

Les mots

Agneau (29/30)

On retrouve la thématique du Christ Agneau dans le Nouveau Testament, notamment dans une double déclaration publique de Jean-Baptiste (« Voici l'Agneau de Dieu »), dans certains rapprochements que les auteurs du Nouveau Testament font entre le sacrifice du Christ et celui de l'agneau pascal, ou encore entre la passion du Christ et celle du Serviteur souffrant d'Isaïe. Si l'auteur de l'*Apocalypse* n'a pas inventé l'image de l'agneau ni son application au Christ, il est tout de même celui qui lui a donné le plus d'ampleur et de profondeur. Certes, Jean est pratiquement le seul à avoir employé, dans le Nouveau Testament, le mot *arnion* qui pourrait se traduire par « agnelet ». Mais les autres mots employés dans la Bible grecque lui servent de synonymes ou lui sont apparentés sur le plan de la thématique. Le mot *amnos* est utilisé dans l'Ancien Testament pour certains sacrifices et pour la figure du Serviteur souffrant, et dans le Nouveau, par l'évangile de Jean au sujet du Christ. Quant au mot *probaton* (brebis), il sert de terme technique pour l'agneau pascal.

De tous les symboles utilisés par Jean, celui de l'agneau s'avère le plus original et le plus dense. Avec ses 28 emplois du mot grec *arnion* appliqués au Christ, Jean a fait de l'Agneau une figure dominante de son livre, et ce, dès sa première apparition au chapitre 5, verset 6 jusqu'au tout dernier chapitre du livre.

Le choix de l'image de l'agneau est loin d'être neutre. D'une part, il permet à Jean d'intégrer les différentes harmoniques d'un symbole biblique déjà très riche – agneau pascal, agneau sacrificiel, obéissance et non-violence du Serviteur souffrant. Même si les commentateurs ne s'entendent pas sur la prévalence de l'une ou de l'autre de ces harmoniques, la forte perspective pascale de l'*Apocalypse* (mort-résurrection du Christ) et les nombreuses références à l'*Exode* (manne cachée, plaies d'Égypte, cantique de Moïse, manifestation de Dieu au Sinaï, etc.) font de l'Agneau décrit par Jean le nouvel agneau pascal, signe et gage de délivrance et de salut pour tous.

D'autre part, par le recours à une symbolique animale, Jean peut mieux définir les traits de son héros, le Christ, par contraste avec ceux des antihéros que sont le Dragon et les deux Bêtes. Le premier, l'Agneau, est humble, non violent, porteur de vie et de salut, tandis que ses opposants sont d'une arrogance et d'une violence extrêmes et ne sèment autour d'eux que haine, destruction et mort.

Parmi les innovations de Jean, soulignons la double audace de l'inversion qu'il fait de l'image en représentant l'Agneau comme berger de la foule immense. Dans la même veine, l'évocation par Jean des noces de l'Agneau avec l'épouse qui lui est destinée donne lieu à une association des plus inattendues et des plus éclatées.

Sur le plan de la symbolique universelle, on conviendra que l'agneau est symbole de douceur et en quelque sorte de non-violence (« doux comme un agneau »), de fragilité sinon d'impuissance. Ces aspects sont sans aucun doute présents, mais là encore Jean innove en attribuant à l'Agneau la force guerrière (c'est le sens des sept cornes) et la victoire – l'Agneau vainqueur (5, 6) n'est nul autre que le « lion de la tribu de Juda » !

Le contexte général de l'*Apocalypse*, en particulier des chapitres 12 à 18, qui est celui des prétentions au pouvoir absolu de la part de la Bête, donne encore plus de

Apocalypse

Agneau « égorgé » : 5, 6.12 ; 13, 8
Sang de l'Agneau : 7, 14 ; 12, 11
Agneau vainqueur : 12, 11 ; 17, 14
Agneau en gloire : 5, 6.12 ; 11, 15 ; 19, 6-7
Attributs royaux : 5, 6.13 ; 11, 15
Agneau berger : 7, 17
Noces de l'Agneau : 19, 7-9 ; 21, 2.9

AILLEURS

Nouveau Testament

Agneau de Dieu : *Jn* 1, 29.36
Agneau pascal : *Jn* 19, 36
Christ, « notre pâque » : *1 Co* 5, 7
Serviteur souffrant : *Ac* 8, 32 ; *1 P* 1, 19

Ancien Testament

Agneau pascal : *Ex* 12
Agneau sacrificiel : *Lv* 14 ; *Nb* 7 ; 29 ; *Éz* 29
Serviteur souffrant : *Is* 53, 7

relief aux attributs royaux que Jean reconnaît à l'Agneau (trône, puissance et royauté). Sous la plume de Jean, l'image de l'Agneau acquiert une force proprement subversive. La Bête a beau revendiquer le pouvoir (chapitres 13 et 17) et disposer d'alliances stratégiques avec les rois de la terre, la victoire de l'Agneau est prémices d'un royaume nouveau et éternel : « La royauté du monde est advenue, la royauté de notre Seigneur et de son Christ, et il régnera pour les éternités des éternités. »

Aigle (3/5)

L'aigle est une figure ambivalente. S'il est réputé pour l'aisance et la majesté de son vol, de même que pour l'acuité de son regard, l'aigle n'en demeure pas moins un oiseau de proie redouté pour sa rapacité. Les évangiles n'ont retenu que ce dernier aspect.

Apocalypse
4, 7 ; 8, 13 ; 12, 14

AILLEURS
Nouveau Testament
seulement *Mt* 24, 28 et *Lc* 17, 37

Ancien Testament
métaphore de l'aigle appliquée à Dieu : *Ex* 19, 4 ; *Dt* 32, 11

Jean, qui sera lui-même surnommé « l'aigle de Patmos », pour l'élévation de ses écrits, utilise l'image jusque dans son ambivalence. L'un des quatre Vivants a visage d'aigle, bienveillant, faut-il croire d'après le contexte, et Jean attribue tout aussi positivement à l'aigle un caractère protecteur à l'endroit de la Femme pourchassée par le Dragon, image du peuple de Dieu persécuté. Il renoue ainsi avec certaines traditions de l'Ancien Testament qui osaient appliquer pareille image à Dieu. Le côté sombre et funeste de l'aigle refait toutefois surface alors que Jean en fait le héraut de malheurs qui vont bientôt s'abattre sur les habitants de la terre.

Alpha et Oméga (3/3)

C'est bien connu : les lettres *alpha* (A) et *oméga* (Ω) sont, respectivement, la première et la dernière lettre de l'alphabet grec. Mais personne avant Jean n'avait songé à en faire un titre attribué à la divinité. Tout comme en français lorsqu'on utilise l'expression « de A à Z », quand on veut faire exhaustif, la combinaison de ces deux lettres grecques dit quelque chose du Tout de Dieu. On peut aussi y voir une manière de dire que tout est entre les mains de Dieu. Jean précisera d'ailleurs le sens de ce titre inhabituel en utilisant deux expressions synonymes : « le Premier et le Dernier, le commencement et la fin ». On pourrait aussi y comprendre qu'il faut l'alphabet complet d'une langue pour rendre compte parfaitement du mystère de Dieu.

Ce titre original est chaque fois présenté comme une autorévélation : « Je suis l'Alpha et l'Oméga [...] », faite soit par Dieu, soit par le Christ. Se pourrait-il que Jean ait aussi voulu donner plus de relief à ces autorévélations en les plaçant tout au début et tout à la fin de son livre ?

Apocalypse
Dieu : 1, 8 ; 21, 6
Christ : 22, 13

C'est donc à Jean que revient la paternité de l'expression. Mais il serait sans doute surpris de voir l'immense succès que ce titre divin allait connaître à travers les âges dans l'iconographie chrétienne. On ne compte plus les mosaïques, vitraux, icônes et enluminures qui ont adopté ces deux lettres comme motif. Plus près de nous, le philosophe et théologien Teilhard de Chardin en a fait, avec beaucoup d'audace, un des leitmotivs de ses écrits.

Anciens [Vieillards] (12/66)

Tout comme les quatre animaux, les vingt-quatre Anciens mis en scène par Jean appartiennent uniquement à la sphère céleste et leur activité principale est d'ordre liturgique. Tout de blanc vêtus et parés de couronnes, ces vingt-quatre Anciens forment la cour immédiate entourant le trône divin. Ils sont eux-mêmes investis d'une dignité royale et siègent chacun sur un trône.

Jean décrit leur activité en reprenant des mots clés du vocabulaire liturgique : tomber (à genoux ou face contre terre), se prosterner, tenir une cithare et des coupes pleines d'encens, chanter une hymne nouvelle, dire : « Amen. Alléluia ! »

À cette activité principale, il faut ajouter la fonction d'interprète dévolue à deux des vingt-quatre Vieillards à l'endroit d'un Jean qui demeure attristé ou perplexe. L'explication fournie par les deux Anciens survient à deux moments particulièrement dramatiques. La première porte sur le mystère du volume (livre) « scellé de sept sceaux » et dont on se demande bien « qui est digne » de l'ouvrir et « d'en briser les sceaux ». En un premier temps, Jean se désole du fait que « personne ne pouvait, ni au ciel ni sur terre ni sous terre, ouvrir » ce volume. Il faut alors l'intervention d'un ancien pour le tirer de sa profonde tristesse : « Ne pleure plus, voici : il a vaincu, le lion de la tribu de Juda, le rejeton de David, pour ouvrir le volume et briser les sept sceaux. »

La deuxième explication, que Jean reçoit d'un des Anciens, répond, elle aussi, à une question angoissante qu'on trouve en finale du chapitre 6 : « Il est arrivé, le grand jour de leur colère, et qui donc peut encore tenir debout ? » Les deux visions du chapitre 7 (les 144000 marqués du sceau ainsi que la foule immense, innombrable) viennent donc renverser les sombres perspectives du chapitre 6, mais Jean s'interroge toujours sur l'identité de cette foule immense. C'est alors qu'un des Anciens lui dit : « Ceux-ci viennent de la grande oppression, et ils lavèrent leurs robes et ils les blanchirent dans le sang de l'agneau. »

Reste maintenant la question du nombre de ces Anciens – vingt-quatre – et de ce qu'il implique pour leur identité. Ce chiffre étant un multiple de 12, il faut sans doute y voir une représentation idéale du peuple de Dieu, formé des douze tribus d'Israël et des douze apôtres avec leur descendance respective. Ou encore, l'incarnation parfaite des chantres de la liturgie céleste, à l'image des vingt-quatre catégories de chantres instaurées par David pour la louange d'Israël.

Apocalypse
4, 4.10 ; 5, 5-14 ;
7, 11-13; 11, 16; 14, 3; 19, 4

Ancien Testament
Chantres désignés
par David : *1 Ch* 25

Ange (67/175)

Des anges, il y en partout dans l'*Apocalypse* – à l'exception des chapitres 4, 6 et 13 –, et on les trouve en plus grand nombre que dans toute la Bible réunie. Intermédiaires entre le ciel et la terre, ils descendent et montent dans un va-et-vient incessant, et peuvent surgir aussi bien du soleil que des nuées et se dresser dans un rare équilibre entre mer et continent. Loin d'être de simples figurants, comme le sont tant d'angelots de l'iconographie chrétienne, les anges de l'*Apocalypse* se distinguent par le caractère propre de leur « personnalité » et de leur mission.

Les anges de l'*Apocalypse* sont radieux, étincelants, drapés de la nuée céleste ou auréolés d'arcs-en-ciel. Ils sont forts, puissants et ont reçu autorité sur les vents, le feu et les eaux. Les anges détiennent l'encensoir d'or qui fait monter la prière des saints auprès de Dieu, le livre que le prophète doit consommer, la faucille de la moisson finale, la clef de l'abîme et la chaîne qui enserre pour toujours. Ils embouchent les trompettes et déversent les coupes. Les anges montrent, annoncent, interprètent. Ils crient à pleine voix, annoncent un évangile éternel, clament la chute de Babylone, acclament le Dieu vivant et chantent ses louanges.

Apocalypse
Anges des églises : 2–3
Anges aux quatre coins de l'univers : 7, 1
Anges aux sept trompettes : 8
Ange et livre : 10, 1-10
Ange de l'évangile éternel : 14, 6
Ange à la faucille : 14, 17-19
Douze anges de la nouvelle Jérusalem : 21, 12

Ils défilent et se relaient un à un, ou encore par groupe de quatre, sept, ou douze, symbolisant tour à tour l'ensemble de l'univers habité, la perfection ou la totalité, et enfin le peuple de Dieu. Dans un livre qui se présente comme *révélation*, les anges jouent à plein leur rôle, qui est celui d'être, comme leur nom l'indique, des *messagers*. C'est justement un ange, envoyé par Jésus, qui est chargé de transmettre à Jean le contenu même de cette grande et ultime révélation qu'est l'*Apocalypse* et de l'accompagner tout au long de ses visions.

Animaux [Vivants] (20/23)

Le neutre *zôon* (animal, vivant) est peu usité dans le Nouveau Testament en dehors de l'*Apocalypse*, et Jean demeure le seul à désigner de ce nom des créatures appartenant à la cour céleste. Les animaux, au nombre de quatre, font leur apparition au chapitre 4 et leur présence s'avère imposante jusqu'au chapitre 7, pour se faire ensuite plus discrète, avec seulement trois mentions dans le reste du livre. La teneur déjà fortement liturgique des chapitres 4 à 7 s'en trouve rehaussée par la présence de ces quatre animaux, pratiquement inséparables de la figure des vingt-quatre Vieillards.

Jean décrit ces animaux comme étant « pleins d'yeux par-devant et par-derrière » et ressemblant, le premier, « à un lion », le deuxième « à un taurillon », le quatrième « à un aigle en vol », tandis que le troisième « a visage comme d'un homme ». Par ailleurs, « les quatre animaux ont chacun six ailes ».

La tradition chrétienne a vite fait de mettre ici le nombre quatre en lien avec celui des évangiles et d'accoler la ressemblance individuelle de ces animaux aux quatre évangélistes. Mais alors que le chiffre quatre fait pratiquement consensus comme symbole de l'universalité du message évangélique, l'application des quatre « ressemblances » des animaux a fluctué au cœur des âges. C'est finalement l'interprétation de saint Jérôme, au IVe siècle, qui s'est imposée : Marc serait représenté par le lion, Luc par le taureau, Matthieu par le visage humain et Jean par l'aigle.

Si légitime et vénérable soit-elle, cette interprétation traditionnelle ne doit pas dispenser de chercher à comprendre le rôle plus précis que Jean attribue à la figure des quatre animaux dans l'économie de son livre. Or, leur rôle est d'abord et avant tout d'ordre liturgique. C'est de leur bouche que sort le « Saint, saint, saint » prononcé en l'honneur du « Vivant » (chapitre 4), et ce sont les quatre animaux qui concluent la liturgie en l'honneur de l'Agneau victorieux par un vibrant « Amen », à la fin du chapitre 5.

Le rôle liturgique leur sied d'autant plus que l'image de ces quatre animaux est empruntée à la vision de la gloire divine qu'on trouve en ouverture du livre d'*Ézéchiel* (chapitre 1). C'est aussi à l'une des liturgies les plus célèbres de tout l'Ancien Testament (*Is* 6) que Jean emprunte non seulement les mots du « Saint, saint, saint », mais aussi le détail des « six ailes » pour ses quatre animaux ; les « séraphins » de la vision d'Isaïe avaient, comme par hasard, six ailes eux aussi. Chez Ézéchiel, qui parle aussi de « chérubins », comme chez Isaïe avec ses « séraphins », il s'agit bien de créatures célestes – angéliques peut-être. Mais chose certaine, l'une et l'autre image sont à comprendre dans le prolongement des représentations fort nombreuses au Proche-Orient ancien d'animaux ailés et de sphinx de tous genres, chargés de l'accès aux différents sanctuaires.

Apocalypse
surtout chapitres 4–7

Ailleurs Nouveau Testament
seulement *Hb* 13, 11 ; *2 P* 2, 12 ; *Jude* 10

Ancien Testament
Isaie 6 ; *Ézéchiel* 1

Arbre de vie (4/4)

Jean est le seul auteur du Nouveau Testament à employer l'image de l'arbre de vie, pourtant répandue dans l'eschatologie juive ancienne comme symbole de salut et de vie éternelle. Elle figure notamment en bonne place dans les apocalypses, telles *1* et *3 Hénoch*, *Apocalypse de Moïse* et *Apocalypse d'Élie*.

De toute évidence, Jean emprunte l'image à la *Genèse*, d'autant plus que les chapitres 21–22 de son *Apocalypse* regorgent d'allusions au double récit de création de *Genèse* 1–3. Le thème de l'arbre de vie, symbole d'immortalité, est toutefois beaucoup plus ancien que la Bible : il était déjà attesté dans les mythologies égyptienne et babylonienne, où il pouvait également désigner le centre du monde. Ce double symbolisme de l'arbre de vie (immortalité ; centre du monde) opère aussi bien dans le récit de *Genèse* 2–3 que dans la vision finale de Jean sur la Jérusalem nouvelle (chapitre 22). La cité aux dimensions idéales et à l'architecture parfaite devient soudainement un jardin verdoyant en toutes saisons.

Jean paraît donc avoir relu cette image de l'arbre de vie à partir d'*Isaïe* 65–66, seul texte de l'Ancien Testament à combiner les thèmes de « création nouvelle » et de « Jérusalem nouvelle ». En même temps, les vertus et la fécondité exceptionnelles que Jean attribue à son arbre de vie – une récolte à chacun des douze mois de l'année – proviennent plutôt de la lecture d'*Ézéchiel*. Lui-même créateur d'images saisissantes, Ézéchiel entrevoit la régénération inespérée et prodigieuse des eaux de la mer Morte, de sa faune et de sa flore, avec là aussi des arbres qui produisent des fruits tous les mois.

Apocalypse

Promesse au vainqueur : 2, 7

Au cœur de la Jérusalem nouvelle : 22, 2.14.19

Ailleurs Nouveau Testament

Paradis (seules mentions) : *Lc* 23, 43 ; *2 Co* 12, 4 ; *Ap* 2, 7

Bois (Croix du Christ) : *Ac* 5, 30 ; 10, 39 ; *Ga* 3, 13 ; *1 P* 2, 24

Ancien Testament

Gn 2, 9 ; 3, 22.24 ; *Is* 65, 22 ; *Pr* 3, 18

Arbres fruitiers : *Éz* 47

Trois des quatre mentions de l'arbre de vie chez Jean se trouvent dans le dernier chapitre de son livre. Il faut retourner au chapitre 2 – message à l'église d'Éphèse – pour retrouver la seule autre mention. La promesse faite au vainqueur consiste alors à pouvoir « manger (le fruit) de l'arbre de vie, celui qui est dans le *paradis de Dieu* ». Une telle promesse, émise par le Christ, révèle que les fruits de cet arbre sont *déjà* disponibles grâce à sa résurrection.

Notons enfin que dans l'expression « arbre de vie », le premier mot se dit *xylon* et pourrait se traduire tout autant par « bois ». Or, c'est ce mot que certaines traditions du Nouveau Testament (*Ac*, *Ga* et *1 P*) utilisent pour désigner la Croix du Christ, à la fois signe de disgrâce et de salut.

Babylone (6/12)

Au temps de l'*Apocalypse*, Babylone n'est plus qu'un lointain et triste souvenir. La ville a été détruite au Ve siècle avant notre ère, et avec elle, l'un des plus puissants empires que le Proche-Orient ancien ait connu. D'où le nombre restreint de références dans le Nouveau Testament, par contraste avec les quelque trois cents dans l'Ancien.

Sur les six références du Nouveau Testament qui n'appartiennent pas à l'*Apocalypse*, cinq font explicitement référence à la ville empire et à la déportation des habitants de Jérusalem au VIe siècle avant notre ère. La sixième, en finale de la première épître de Pierre, l'utilise comme nom de code d'une communauté chrétienne liée à Pierre et à son « fils » Marc : tout indique qu'il s'agit de la jeune communauté chrétienne de Rome.

Il ne faut d'ailleurs pas s'en surprendre, puisqu'on trouve ce même nom codé de « Babylone » dans des écrits juifs contemporains de l'*Apocalypse* ou légèrement antérieurs, pour désigner Rome, capitale de l'empire (*Oracles sybillins*, V, 143 et 148).

Or, Jean nous avertit formellement que le nom « Babylone » doit être reçu comme un « mystère » – on dirait aujourd'hui un nom de « code » –, et non interprété au premier degré. Pour les lecteurs de Jean, le code est tout ce qu'il y a de plus transparent : il s'agit bel et bien de Rome et de son empire. Le nom, ou pour mieux dire, le surnom convient parfaitement à Rome puisque celle-ci partage avec Babylone la triste responsabilité d'avoir pillé Jérusalem, incendié et rasé le Temple et ramené des captifs.

Apocalypse

14, 8 ; 16, 19 ; 17, 5 ; 18, 2.10.21

Ailleurs Nouveau Testament

Mt 1, 11-12.17 ; *Ac* 7, 43 ; *1 Pi* 5, 13

Ancien Testament

Jr 51–52 ; *Dn* 1–4

On peut comprendre que le souvenir de Babylone puisse habiter l'esprit de Jean. D'une part, il cite explicitement une prophétie de Jérémie concernant la captivité prochaine à Babylone (*Jr* 15, 2) : il comprend donc l'épreuve vécue par les communautés chrétiennes comme une sorte d'exil. D'autre part, on sait que Jean s'est beaucoup inspiré du livre de *Daniel*, un écrit du milieu de IIe siècle avant Jésus-Christ qui se sert aussi de Babylone et de son roi Nabuchodonosor comme *figures* de l'oppresseur du moment.

Chaque fois qu'il parle de Babylone, Jean la qualifie de « grande » (*mégalè*). Sa chute n'en paraît que plus humiliante et tragique : « Elle est tombée, elle est tombée, Babylone la grande… »

Bête (39/46)

En grec, le mot *thèrion* s'emploie principalement à propos des bêtes sauvages. C'est ce sens qu'on retrouve dans les sept emplois du mot, toujours au pluriel, dans les écrits du Nouveau Testament autres que l'*Apocalypse*. De ces emplois, un seul est à prendre au sens figuré, soit *Tite* 1, 2 qui porte un jugement peu flatteur sur les Crétois.

Malgré sa fréquence dans l'*Apocalypse*, le mot *thèrion* n'est attesté que deux fois au sens propre ; les autres emplois étant tous au singulier, et la plupart du temps précédés de l'article défini (« la » Bête) ou de quelque autre déterminatif.

Bien qu'une mention furtive en soit faite au chapitre 11, c'est au chapitre 13 que *la* Bête fait son apparition et devient dès lors un acteur majeur : on compte pas moins de seize emplois du mot au seul chapitre 13 ainsi que neuf au chapitre 17.

En fait, il y a deux bêtes, mais la seconde n'est mentionnée explicitement qu'en 13, 11. C'est elle aussi qu'il faut voir sous l'appellation de *pseudo-prophète*. Cette seconde bête n'est qu'une pâle réplique de la première et lui est complètement asservie.

C'est donc le sens métaphorique qui s'impose largement dans les nombreuses références à la Bête. Or, puisque celle-ci est clairement associée au pouvoir et à la royauté, et qui plus est à l'Empire romain et à ses empereurs (principalement au chapitre 17), l'image est utilisée par Jean pour faire ressortir et dénoncer la voracité, la monstruosité et le caractère infrahumain et déshumanisant du pouvoir qu'elle représente.

L'image n'est pas nouvelle dans l'univers biblique et ne lui est certes pas exclusive. Dans l'Ancien Testament, le livre de *Daniel* (7, 3-23) présente l'image de *quatre bêtes*, toutes surgies de la mer, pour désigner autant de royaumes. Les trois premières ont respectivement l'apparence du lion, de l'ours et du léopard. La quatrième n'est identifiable à aucune bête en particulier, mais elle est la plus redoutable de toutes : « elle inspirait une telle terreur en dévorant, broyant, piétinant ce qui restait avec ses dents de fer [...] » Détail notoire qui n'a pas manqué d'influencer Jean : cette bête était pourvue, elle aussi, de « dix cornes ».

Apocalypse

Sens propre : 6, 8 ; 18, 2
La Bête : 11, 7 ; 13, 1-4.12-18 ; 17, 7-8.11-13...
Image de la Bête : 13, 14-15 ; 14, 9.11 ; 15, 2
Adorer (l'image de) la Bête : 13, 4.12.15 ; 14, 9.11 ; 16, 2 ; 19, 20 ; 20, 4
Attributs royaux :
Diadèmes (13, 1) ;
Trône (13,2) ;
Royauté (16, 10 ; 17, 12.17)
Pouvoir, autorité : 13, 2.4 ; 17, 12-13
Blasphèmes : 13, 1.5-6
Victoire provisoire : 11, 7 ; 13, 7
Défaite : 15, 2

Pour Daniel, dont le livre aurait été écrit au milieu du IIe siècle avant Jésus-Christ, ces quatre bêtes monstrueuses représenteraient les quatre empires babylonien, mède, perse et grec – le dernier étant incarné dans la personne d'Antiochus Épiphane, personnage infâme et honni entre tous.

Les attributs de la bête, en particulier ses « sept têtes », lui confèrent un certain statut mythique, qui n'est pas sans rappeler le python-serpent et l'hydre-serpent que durent affronter Apollon et Hercule. Mais on retiendra aussi qu'elle est solidement ancrée dans l'histoire du pouvoir politique et économique du Ier siècle de notre ère, dominée par la Rome impériale. Elle est assoiffée de pouvoir et de sang et elle impose « sa marque » aussi bien sur le plan économique – « afin que personne ne puisse acheter ni vendre s'il n'a pas la marque, le nom de la bête » – que sur le plan idéologique. Sur ce dernier plan, Jean conteste radicalement les prétentions de la bête à un statut divin, en les qualifiant purement et simplement de « blasphèmes ».

Blanc (16/25)

Le blanc est la couleur par excellence de l'*Apocalypse*. Tous les emplois de l'adjectif *leukos* dans le Nouveau Testament ont une connotation positive, à l'exception d'un sens plutôt neutre en Matthieu.

Cette connotation positive du blanc est essentiellement symbolique. Contrairement à ce qu'on pourrait penser spontanément, la blancheur n'est que très exceptionnellement symbole de pureté morale. On notera au passage l'audace de l'image employée par Jean dans le seul usage qu'il fait du verbe correspondant : les justes sont dits avoir « blanchi » leur tunique dans le sang de l'Agneau !

Le blanc, dans l'ensemble du Nouveau Testament, est plutôt expression et symbole du monde céleste et divin (Transfiguration de Jésus), et surtout, de la résurrection du Christ (ange qui en fait l'annonce) et du monde nouveau qu'elle inaugure.

C'est ce sens fort, en lien avec la résurrection du Christ, qui ressort des nombreuses références de Jean à la couleur blanche, sinon à la totalité. Si on accepte l'interprétation privilégiée dans la rubrique « cheval (cavalier) », on peut dire en effet que tous les emplois de l'adjectif et du verbe (« blanc » et « blanchir ») sont reliés, d'une manière ou d'une autre, à la résurrection du Christ : chevelure du Fils de l'Homme, caillou du vainqueur, vêtements des justes et des vingt-quatre Anciens, cheval et son cavalier, nuée sur laquelle siège le Fils de l'Homme et armée qui l'accompagne, trône de Dieu. Bref, le blanc symbolise l'éclat et le rayonnement de la gloire divine et de la victoire du Ressuscité.

Apocalypse

Fils de l'Homme :
1, 14 ; 14, 14 ; 19, 11.14
Caillou du vainqueur :
2, 17
Vêtements des justes et des 24 Vieillards :
3, 4-5 ; 4, 4 ; 7, 13-14
Trône de Dieu : 20, 11
Cheval et cavalier :
6, 2 ; 19, 11
Pureté morale : 3, 4
Blanchir : 7, 14

Ailleurs Nouveau Testament

Monde céleste et divin :
Mt 17, 2 ; *Mc* 9, 3 ; *Lc* 9, 29 ; *Ac* 1, 10
Résurrection du Christ :
Mt 28, 3 ; *Mc* 16, 5

Cheval (Cavalier) (16/17)

Mise à part une brève comparaison aux fins d'enseignement moral sur la nécessité de tenir en bride sa langue et son corps (*Jc* 3, 3), le cheval n'est jamais mentionné dans le Nouveau Testament ailleurs que dans l'*Apocalypse*. Celui que l'on retrouve dans de nombreux tableaux illustrant la conversion de saint Paul est une déduction, et non une donnée du récit biblique des *Actes des apôtres*.

L'Israël biblique a longtemps redouté le cheval, utilisé à des fins militaires par les puissances étrangères, comme l'Égypte, l'Assyrie, Babylone et Aram, avant de le vénérer dès lors que Salomon en eût fait à son tour une force de frappe des armées israélites. Les prophètes et les sages ont toutefois servi de sérieuses mises en garde contre l'illusion de sécurité que peut procurer le nombre de chevaux et de chariots. Pour eux, seul Yahweh peut procurer la victoire.

Dans l'*Apocalypse*, les quatre chevaux de couleur distincte (blanc, rouge, noir, pâle : chapitre 6), et le cheval blanc du chapitre 19 sont les plus connus. Jean n'a pas inventé l'image d'un quatuor de coursiers messagers – elle est déjà présente chez Zacharie –, mais comme toujours, il l'a complètement refaçonnée et adaptée à son propos. Les trois derniers chevaux de ce quatuor et leur cavalier respectif sont manifestement annonciateurs et artisans de fléaux terribles : guerre, disette, famine et mort.

> ***Apocalypse***
> 6, 1-8 ; 9, 7.9.17.19 ;
> 19, 11-21
>
> **Ancien Testament**
> Force militaire étrangère :
> *Ex* 14–15 ; *1 R* 20 ;
> *2 R*, 18, 23
> Chevaux et chars
> de Salomon : *1 R* 10,
> 25-29 ; *1 R* 22, 4
> Puissance illusoire :
> *Is* 31, 3 ; *Ps* 33, 17 ; *Pr* 21, 31
> Coursiers messagers :
> *Za* 1, 8 ; 6, 2-6

Quant au premier cheval et à son cavalier, on serait naturellement porté à les considérer eux aussi comme ayant un rôle funeste. Mais, d'une part, tout ce qui est blanc dans l'*Apocalypse* est associé au monde divin et à la résurrection du Christ. D'autre part, l'emphase mise sur la victoire de son cavalier – « il partit *en vainqueur et pour vaincre encore* » – oriente elle aussi en direction d'un rôle bénéfique et porteur d'espoir. Or, Jean utilise à profusion, et presque uniquement, le vocabulaire de la victoire à propos de la résurrection du Christ. D'ailleurs, le seul autre cheval blanc évoqué dans l'*Apocalypse* (chapitre 19) a pour cavalier celui dont le nom est « Parole de Dieu », c'est-à-dire le Christ ressuscité. C'est ce cheval et ce cavalier qui s'avèrent les artisans de la victoire finale sur la Bête et ses troupes.

Ciel (52/273) et terre (82/250)

De tous les écrits du Nouveau Testament, c'est l'*Apocalypse* qui revendique le plus grand nombre d'emplois du couple de mots « ciel-terre » à l'intérieur d'un même verset, soit 16 fois.

Si Jean s'intéresse grandement à la sphère céleste – ses 52 emplois du mot « ciel » le placent deuxième derrière Matthieu (82 emplois) –, il demeure profondément attaché à la terre et à son sort : ses 82 emplois du mot *guè* comptent pour le plus haut total du Nouveau Testament, devant Matthieu cette fois. Au fil de l'*Apocalypse*, la terre apparaît d'abord dans sa dimension physique, par distinction d'avec le ciel ou la mer : on y trouve flore et faune abondantes, mais elle est éventuellement sujette à des bouleversements dus à la force des vents ou à des secousses sismiques violentes. C'est toutefois la dimension démographique et universelle de l'habitacle terrestre qui retient l'attention de Jean, qui multiplie les références aux « habitants de la terre » et à « tout l'univers ».

Jean ne manque pas non plus de s'intéresser à la dimension physique de la voûte et de l'atmosphère célestes. Son ciel est, comme il se doit, peuplé d'étoiles, d'astres divers et de nuages, et il peut être secoué lui aussi par des vents violents ou par les éclairs et le tonnerre et peut faire pleuvoir sur terre d'énormes « grêlons » destructeurs. Mais là aussi, Jean nous renvoie au-delà de la dimension physique du ciel et nous dévoile tout un cortège de personnages : Dieu, les quatre Animaux, les vingt-quatre Anciens, l'Agneau, les 144 000 et la foule immense, ainsi qu'une multitude d'anges.

Une lecture cursive de l'*Apocalypse* démontre par ailleurs une interaction constante entre la sphère céleste et l'horizon terrestre et historique. Il n'y a pas à s'en surprendre puisque les apocalypses regorgent de visions et d'oracles célestes, sont peuplées de héros transportés dans les plus hautes sphères du divin et de milices célestes qui se portent au secours du peuple de Dieu, engagé dans une lutte sans merci contre les forces du mal. Les auteurs d'apocalypses cherchent, pourrait-on dire, à déchiffrer les aléas de l'histoire à partir de ce qu'ils observent de la carte du ciel. Ils ne connaissent que trop bien les vicissitudes de l'histoire humaine et convoquent le ciel pour trouver des raisons d'espérer et de renverser le cours des choses. Si leurs auteurs ont les pieds bien ancrés sur terre, leur regard est constamment tourné vers les cieux.

Toute la question est de savoir comment s'articulent ces deux plans, céleste et terrestre : juxtaposition, superposition, ou opposition ?

> ***Apocalypse***
> **Terre**
> Flore et faune : 6, 8 ; 7, 3 ; 8, 7 ; 9, 4
> Bouleversements cosmiques : 6, 13 ; 8, 7 ; 16, 18
> « Habitants de la terre » : 3, 10; 6, 10; 8, 13; 11, 10; 13, 8
> « Tout l'univers » : 3, 10; 12, 9; 16, 14
> **Ciel**
> Étoiles et autres astres : 6, 13 ; 8, 10 ; 9, 1 ; 12, 4
> Nuages : 1, 7 ; 10, 1 ; 11, 12 ; 14, 14-16
> Personnages célestes : chapitres 4–5 ; 7 ; 14
> **Ciel et terre**
> 5, 3.13 ; 10, 6 ; 14, 7 ; 21, 11

La structure plus que serrée de l'œuvre de Jean nous amène à parler plutôt d'interaction, d'imbrication, de dialectique. Jean passe constamment d'un plan à l'autre : du terrestre au céleste, et du céleste au terrestre. Les deux plans se conjuguent, interagissent et s'éclairent mutuellement. Ainsi, les sept Églises sont bien ancrées dans un espace précis, l'Asie Mineure et sept de ses plus grandes cités. Mais chacune d'elles se voit déjà promettre un bonheur proprement céleste (manne cachée, caillou blanc, arbre de vie, Jérusalem nouvelle, etc.). Autre exemple : alors que le sceau du Dieu vivant est appliqué sur terre à la foule des 144 000 (chapitre 7), on retrouve cette même foule, quelques chapitres plus tard (chapitre 14), déjà introduite au cœur d'une liturgie céleste.

Corne (10/11)

Pour les animaux qui en sont pourvus, la corne est un instrument de défense, et éventuellement, d'attaque. Elle est symbole de force et, pourrait-on dire, d'agressivité ou de combativité. Jean, avec ses dix emplois du mot, est le seul auteur du Nouveau Testament à représenter des animaux dotés de cornes. Le seul autre emploi du mot en dehors de l'*Apocalypse* se trouve dans une expression purement métaphorique (« corne du salut »), détachée de toute représentation animale.

Pour Jean, les cornes sont l'apanage d'abord et avant tout de la « trinité infernale » : le Dragon et les deux Bêtes qui en possèdent respectivement dix, dix et deux. Le Dragon et la première Bête sont donc des prédateurs redoutables et insatiables, tandis que la deuxième Bête est dotée d'une force somme toute limitée. Jean pousse l'audace jusqu'à doter son agneau, figure centrale du livre, de sept cornes, symbole d'une force parfaite pour contrer et vaincre les assauts du Dragon et de la Bête. L'audace est d'autant plus grande que l'agneau est un animal qui n'a pas de cornes, et qu'on perçoit pour cette raison comme étant sans défense.

Jean connaît aussi la symbolique derrière l'expression « cornes de l'autel » maintes fois utilisée dans l'Ancien Testament. Elle découle d'une pratique fort répandue au Proche-Orient ancien dans la conception et la fabrication du mobilier des sanctuaires : les cornes sont alors un symbole de la puissance et de la protection divines.

Apocalypse
Agneau : 5, 6
Trinité infernale :
12, 3 ; 13, 1.11 ; 17, 3
Cornes de l'autel :
5, 6 ; 9, 13

Ailleurs Nouveau Testament
Seul autre emploi :
Lc 1, 69 (corne du salut)

Ancien Testament
Ex 29, 12 ; *Lv* 4, 7.18 ;
1 R 1, 50-51

Coupe (12/12)

Pourtant connu des traducteurs grecs de l'Ancien Testament (35 emplois en tout), le mot *phialè* (coupe) n'est utilisé par aucun auteur du Nouveau Testament autre que celui de l'*Apocalypse*. Le choix de Jean s'explique tout naturellement par le caractère hautement liturgique de son œuvre. La coupe désignée par ce mot *phialè* est en fait, pour l'Ancien Testament, un vase liturgique, sorte de coupe sans pied utilisée pour le service de l'autel, et en particulier pour la présentation des offrandes et pour brûler de l'encens. Quant à la coupe d'usage domestique, pour les repas et les fêtes, l'Ancien et le Nouveau Testament utilisent le mot grec usuel, *potèrion*.

L'image est donc liturgique, mais l'usage des coupes, dans l'*Apocalypse*, est diamétralement opposé à celui qu'elles avaient jusque-là dans la Bible. À une exception près, les sept coupes évoquées par Jean sont remplies de la colère divine et leur déversement, par chacun des sept anges qui les détiennent, est annonciateur de la fin. On est loin du rôle apaisant dévolu aux coupes de la liturgie ancienne.

Apocalypse
Coupes de la colère divine : 15, 7–17, 1
Coupes contenant les prières de saints : 5, 8
Ange annonciateur de bonne nouvelle : 21, 9

Ancien Testament
Ex 27, 3 ; *Nb* 7 ; *1 R* 7, 36

Il y a toutefois une exception importante, dans le tout premier emploi du mot par Jean : les quatre Vivants et les vingt-quatre Anciens portent chacun dans leur main une cithare et des coupes remplies des offrandes que sont les prières des saints. Revoilà donc, pour les coupes, la fonction d'intercession et d'apaisement. Tout espoir n'est pas perdu, et les prières des saints sont entendues par Dieu, dès lors qu'un des sept anges ayant déversé les coupes et leurs fléaux réapparaît pour montrer à Jean l'épouse de l'Agneau, rayonnante de splendeur. Jadis annonciateur de fléaux extrêmes, l'ange redevient porteur d'une bonne nouvelle, éternelle celle-là.

Douze (23/75)

Pour peu qu'on soit familier avec l'histoire biblique, on saura sans doute que le chiffre douze est associé, dans l'Ancien Testament, au nombre des fils du patriarche Jacob, ancêtres des tribus d'Israël, et dans le Nouveau Testament, au groupe des apôtres choisis par Jésus. Dans ce deuxième cas, on comprendra aussi que le nombre des apôtres reflète de la part de Jésus un désir de les inscrire dans la continuité de la première Alliance et de faire de ce groupe les prémices d'un nouvel Israël.

Il s'ensuit que, dans l'un et l'autre Testaments, la plupart des mentions du chiffre douze – à l'exception d'observations purement factuelles ou anecdotiques – acquièrent une portée symbolique quant à la destinée du peuple de Dieu, soit l'Israël ancien soit l'Israël nouveau. La symbolique du chiffre douze est cependant loin d'être exclusive à la Bible, puisque, déjà, les civilisations et les religions du Proche-Orient ancien utilisaient ce chiffre en lien avec les douze signes du zodiaque et les douze planètes connues.

Dans le Nouveau Testament, et hormis l'*Apocalypse*, on compte un seul cas certain où la symbolique communautaire du chiffre douze joue à plein, mais ce cas est attesté dans les quatre évangiles, en conclusion d'une multiplication des pains par Jésus. Les restes des morceaux de pain recueillis par les apôtres remplissent douze corbeilles, une manière pour les évangélistes d'indiquer qu'il y en aura suffisamment pour nourrir l'ensemble de l'Israël nouveau.

Si l'*Apocalypse* est le livre du Nouveau Testament qui exploite le plus systématiquement la symbolique du chiffre douze, il le fait donc en continuité avec une tradition bien attestée dans l'Ancien Testament, et sans doute en intégrant d'autres traditions extrabibliques.

Pour Jean, le chiffre douze – ou l'un de ses multiples – représente en priorité la plénitude du peuple de Dieu : Israël et l'Église, Israël ou l'Église. Ce double symbolisme joue à plein, notamment dans la vision des 144 000 marqués du sceau et dans la description de la Jérusalem nouvelle : « Elle avait une épaisse muraille élevée, avec douze portes, et à celles-ci douze messagers et des noms inscrits : ceux des douze tribus des fils d'Israël [...] La muraille de la ville avait douze fondations, et sur elles les noms des douze envoyés de l'agneau » (21, 12.14). On ne saurait mieux décrire la continuité des deux alliances et la plénitude du peuple de Dieu.

Apocalypse

Douze apôtres : 21, 12, 14
Nouvel Israël :
7, 4-8 (multiples de 12 : 12 000 et 144 000) ;
12, 1
Cité idéale : 21,16-17 (multiples de 12)

Ailleurs Nouveau Testament

Apôtres/Disciples :
Mt 10, 1-5 ;
Mc 3, 14-16 ; *Lc* 6, 13
Corbeilles des restes de pain :
Mt 14, 20 ; *Mc* 6, 43 ; 8, 19 ; *Lc* 9, 17 ; *Jn* 6, 13
Douze tribus d'Israël : *Mt* 19, 28

Ancien Testament

Douze fils de Jacob :
Gn 35, 22 ; 42, 13.32
Douze tribus d'Israël :
Gn 49, 28 ; *Ex* 24, 4 ;
28, 21; 39, 14
Symboles d'Israël :
Ex 24, 4 (stèles) ;
28, 21 (pierres précieuses sur le pectoral du grand prêtre) ;
Nb 7, 84, 87 (ustensiles du sanctuaire) ;
1 R 4 (préfets de Salomon) ;
1 R 10, 20 (lions du trône de Salomon)

Dragon (13/13)

Le seul dragon évoqué dans le Nouveau Testament est celui dont l'apparition, au chapitre 12 de l'*Apocalypse*, est qualifiée d'« autre signe dans le ciel », en contrepoint du « grand signe » de la Femme vêtue de soleil. Il connaîtra une fin spectaculaire au chapitre 20. L'espace occupé par la figure du Dragon demeure somme toute limité, et le combat qu'il mène, aussi féroce soit-il, est d'emblée voué à l'échec. Sa déroute est complète, lorsqu'il se retrouve « jeté dans l'étang de feu et de souffre » et livré à des tourments sans fin avec « la Bête et le pseudoprophète ».

On a parlé avec raison d'une « trinité infernale » à propos des bêtes fantastiques qui font tour à tour leur apparition aux chapitres 12 et 13 : Dragon, Bête de la mer, Bête terrestre. Les trois travaillent de concert, la troisième étant au service de la deuxième qui, elle, reçoit autorité et pouvoir du Dragon. Il ne faut donc pas les confondre. Des trois, le Dragon est certainement la bête la plus mythique, alors que les deux autres ont une épaisseur proprement historique. C'est le Dragon, et non la Bête dont le chiffre est 666, qui est identifié à Satan.

Le Dragon est l'ennemi numéro un, premier par ordre d'apparition, et dernier des trois à être vaincu et à disparaître. Sa déroute signifiera donc la victoire du Christ sur l'ennemi ultime. L'ennemi ultime s'avère aussi l'ennemi primordial, puisque Jean assimile le Dragon à « l'antique serpent qu'on appelle le Diviseur (*diabolos)* et l'Adversaire (*Satanas*), qui égare l'univers entier ». Nous voilà ainsi renvoyés au récit mythique des origines (*Gn* 3) et à des surnoms et qualificatifs célèbres accolés au Malin dans le judaïsme postexilique, aussi bien palestinien qu'hellénistique.

Dans l'Ancien Testament, le dragon fait figure d'animal mythologique (*Ps* et *Job* : pour rendre l'hébreu *Leviathan).* La longue description qu'en fait le second discours de Dieu en réponse à Job semble directement calquée sur les caractéristiques du crocodile du Nil, mais n'en contribue pas moins à faire de l'animal un monstre aux dimensions mythiques. On notera par ailleurs que, dans son affrontement avec les magiciens d'Égypte, Moïse a le pouvoir de changer son bâton en dragon, et que, pris au sens métaphorique, le mot « dragon » est associé à des souverains comme le pharaon (chez Ézéchiel), à Nabuchodonosor, roi de Babylone (chez Jérémie), ou encore à une divinité vénérée par les Babyloniens (chez Daniel). La double symbolique biblique du monstre primitif et de figures ponctuelles qui incarnent un pouvoir totalitaire et oppressif convenait tout à fait au propos de Jean.

Mais une symbolique plus universelle a pu jouer elle aussi surtout au sein des Églises d'Asie Mineure, implantées qu'elles étaient dans de hauts lieux de culture grecque (Éphèse, Pergame, Smyrne, etc.). Il se trouve que le mythe d'Apollon – héros dont le nom grec, légèrement déformé, est évoqué par Jean : « le messager (l'ange) de l'abîme qui se nomme [...] en grec *Apollyôn* » (9, 11) – célèbre la victoire du héros à l'issue d'un violent combat contre le Serpent/Dragon qui le poursuit. Sans qu'on puisse établir une filiation directe, on imagine difficilement qu'un tel horizon de sens n'ait pas influencé de quelque manière l'auteur et son public, tous deux connaisseurs de la langue grecque et quotidiennement exposés à la culture grecque.

Apocalypse
12, 3-17 ; 13, 2.4.11 ;
16, 13 ; 20, 2

Ancien Testament
Leviathan
Ps 74, 14 ; 104, 26 ;
Job 40, 25
Souverains et divinités :
Éz 39, 3.32 ; *Jr* 28, 34
(texte grec) ;
Dn 14, 23-18 (texte grec)

Église/Communauté (20/114)

On l'oublie trop souvent, mais l'*Apocalypse* est l'œuvre non pas d'un marginal ni d'un solitaire, mais bien d'un « frère » et d'un « compagnon ». Jean s'avère bien au fait de la situation de sa communauté – qu'il appelle *ekklèsia* – et désireux de répondre aux questions qu'elle se pose en des temps particulièrement difficiles.

Apocalypse
Communautés d'Asie : 1, 4.11
Sept lampadaires : 1, 19
Cent quarante-quatre mille : 7, 1-8
Deux témoins : 11, 3-4
Femme aux douze étoiles : chapitre 12
Fiancée/Épouse de l'Agneau : 19, 7 ; 21, 2.9 ; 22, 17
Cité sainte/Jérusalem nouvelle : chapitres 21-22

Ancien Testament
Femme/Fiancée/Épouse, symboles du peuple de Dieu : *Os* 1–3 ; *Cantique des cantiques* ; *Is* 54 ; 62 ; 66

C'est toute son œuvre de « dévoilement » que Jean adresse « aux sept communautés d'Asie » : Éphèse, Smyrne, Pergame, Thyatire, Sardes, Philadelphie, Laodicée. Ce sont là des Églises bien concrètes, implantées dans des villes prestigieuses d'Asie Mineure. Sans qu'ils puissent livrer un bilan complet, les messages, qui sont adressés à ces communautés aux chapitres 2 et 3, nous révèlent l'essentiel de leurs accomplissements et des défis auxquels ils doivent faire face. Mais ces mêmes messages vont bien au-delà de chacune des communautés puisqu'ils s'achèvent tous sur un appel à écouter « ce que le souffle dit aux communautés ». Il y a donc une Communauté/Église plus large.

Celle-ci est évoquée par une grande variété de symboles. Les « sept lampadaires » de la vision initiale pointent en direction de la vocation de la communauté à devenir « lumière du monde » (*Mt* 5, 14). La marque du sceau apposée sur les « cent quarante-quatre mille » (chapitre 7) est un signe d'espoir pour la communauté, tout comme elle l'avait été jadis pour une partie de la population de Jérusalem au moment de l'invasion babylonienne (598-597 av. J.-C. : *Éz* 9, 1-7).

La figure des deux témoins (chapitre 11) est un symbole fort, quoique sous-estimé, de la mission dévolue au nouveau peuple de Dieu, qui est de « prophétiser » jusqu'au sacrifice suprême de leur vie. La dualité assure ici la validité de leur témoignage, en conformité aux standards bibliques voulant que toute affaire judiciaire soit réglée avec l'audition d'au moins deux témoins (*Dt* 19, 15). Ces deux témoins ont d'ailleurs une stature tout à fait exceptionnelle puisqu'ils détiennent les mêmes pouvoirs que Moïse et Élie, soit de changer les eaux en sang et de commander à la pluie. La durée même de la mission prophétique des deux témoins, « mille deux cent soixante jours », coïncide d'ailleurs avec le temps que durera la protection divine accordée à la « Femme » – elle aussi symbole de la communauté/ Église – lors de son séjour au désert (chapitre 12).

Enfin, Jean recourt à deux autres figures majeures pour décrire le bonheur futur et définitif de la communauté/Église : la Fiancée/Épouse et la Nouvelle Jérusalem, ces images ayant déjà été l'objet de riches développements chez les prophètes (Osée et Isaïe principalement) et dans le *Cantique des cantiques*.

Épée (3/29; 6/7)

Courte ou longue, l'épée est une arme de combat et a longtemps fait partie de l'équipement du guerrier. Jean évoque, à l'aide de deux mots grecs différents, ces deux types d'arme. Le premier, du nom de *machaira*, désigne habituellement une arme courte ou recourbée du genre poignard. Jean utilise toujours ce premier mot dans son sens propre d'arme guerrière. Le deuxième cavalier, qui est rouge sang, sème la guerre sur son passage et se voit remettre ce genre d'épée, tout de même qualifiée de « grande » en raison sans doute de l'ampleur de son œuvre de destruction. C'est ce type d'épée qui est également évoqué dans la citation que Jean fait d'un oracle de Jérémie annonçant l'exil et la captivité de la population de Juda, et finalement pour l'arme qui aurait causé la blessure mortelle à laquelle la Bête a pourtant réussi à survivre.

Le deuxième mot, *romphaia*, désigne plutôt en grec classique une épée longue, du genre sabre, et notamment le glaive « à deux tranchants » des Thraces. Jean est pratiquement le seul à employer ce mot dans le Nouveau Testament. Or, dans cinq cas sur six, Jean en fait un attribut du Christ et l'associe à la parole qui sort de sa bouche. Le glaive est dit « acéré », c'est-à-dire que la parole du Christ est percutante, incisive et appelant une décision claire et ferme. Au risque d'un pléonasme, Jean

> ***Apocalypse***
> Arme guerrière : 6, 4 ; 13, 10.14
> Exil et captivité :
> 13, 10 (citation de *Jr* 15, 2)
> Glaive de la Parole :
> 1, 16 ; 2, 12.16 ; 19, 15.21
> **Ailleurs Nouveau Testament**
> *Lc* 2, 35 ; *He* 4, 12
>
> **Ancien Testament**
> *Is* 49, 2

ajoute parfois à l'épithète « acéré » celle d'« à double tranchant » (littéralement « à deux bouches »). L'image de la parole/épée n'a pas été inventée par Jean : on la retrouve déjà chez Isaïe et notamment dans la lettre aux *Hébreux*, qui parle elle aussi d'une épée « à double tranchant ». Pour Jean, la parole du Christ est doublement incisive et elle s'offre à la fois comme Bonne Nouvelle de salut et comme parole de jugement et d'appel à la conversion.

Étoile (14/24)

Les auteurs du Nouveau Testament, à part celui de l'*Apocalypse*, ne se sont guère intéressés au monde des étoiles. Une seule étoile brille de façon particulière dans le firmament des évangélistes, soit celle qui, d'après Matthieu, mène les mages vers l'enfant de Bethléem. Autrement, les étoiles ne sont évoquées que deux fois dans les évangiles, et de façon générique, en lien avec les bouleversements cosmiques entourant les événements de la fin.

En revanche, le ciel décrit par Jean dans son *Apocalypse* est davantage peuplé d'étoiles, et la symbolique y est plus diversifiée. Les deux septénaires consacrés aux fléaux (chapitres 6, 8 et 9) annoncent la chute sur terre du tiers des étoiles, dans la succession d'un certain nombre de phénomènes cosmiques fatidiques. Parmi ces étoiles, deux s'avèrent particulièrement dangereuses. La première porte le nom d'Absinthe, tandis que la seconde est renvoyée jusque dans l'abîme, refuge des puissances démoniaques hostiles au genre humain.

À l'inverse de ce qui se passe sur le plan physique, proprement astronomique, la dimension symbolique que Jean donne aux étoiles est toujours placée sous le signe de l'espoir. Jean nous rend d'ailleurs le service de nous avertir du caractère symbolique de ses étoiles. Pour les sept étoiles que le

Christ tient dans sa main droite, Jean parle en effet d'un « mystère », qu'il s'empresse d'élucider aussitôt en spécifiant qu'elles sont ni plus ni moins que les anges des sept Églises. Même genre d'avertissement pour la femme dotée d'une « couronne de douze étoiles » : Jean n'y voit rien de moins qu'un « grand signe », et tout ce qui concerne cette femme peut s'entendre de l'Église, peuple de Dieu. Enfin, Jean se trouve à développer l'intuition de Matthieu avec son étoile de Bethléem. Jean est en effet le seul auteur du Nouveau Testament à donner à Jésus le titre d'« étoile brillante du matin ».

> ***Apocalypse***
> Chute des étoiles : 6, 13 ; 8, 10-12 ; 9, 1
> Étoiles et Églises : 1, 20 ; 2, 1.28 ; 3, 1 ; 12, 1
> Jésus, étoile du matin : 2, 28 ; 22, 16
>
> **Ailleurs Nouveau Testament**
> Étoile de Bethléem : *Mt* 2, 2.7.9-10
> Chute des étoiles : *Mt* 24, 29 ; *Mc* 13, 25

Femme (19/215)

Mises à part deux références génériques dans l'emploi du pluriel, le mot *gynè* dans l'*Apocalypse* a toujours une forte connotation symbolique. On y trouve essentiellement quatre grandes figures. La première est nommée, ou plutôt surnommée Jézabel, et elle sévirait, aux dires de Jean, au sein de la communauté de Thyatire : « J'ai contre toi que tu laisses faire la femme Jézabel qui se prétend prophétesse, et en les trompant enseigne à mes serviteurs à se prostituer et à manger des viandes offertes aux idoles. » Il est pratiquement impossible de déterminer à qui l'auteur fait référence. Chose certaine, ses activités sont en continuité directe avec celles de la Jézabel de l'histoire biblique (*1 R* 16–*2 R* 9). Cette femme, qui n'était pas Israélite, est devenue l'épouse du roi Achab, qu'elle a entraîné – et tout Israël avec lui – dans le culte cananéen voué au dieu Baal. Elle s'était aussi juré de mettre à mort le grand prophète Élie.

La seconde, à l'avant-scène du chapitre 12, est anonyme : elle porte et enfante le Messie, mais elle est aussi décrite comme étant la cible des attaques du Dragon d'une part, et objet de la protection divine d'autre part. L'éclat dont elle rayonne (« enveloppée de soleil ») et le piédestal

Apocalypse
Jézabel : 2, 20-22
Communauté/Église :
12, 1.4.6.13-17
Grande Prostituée :
17, 3-4.6-7.9.18
Fiancée/Épouse de l'Agneau :
21, 2.9 ; 22, 17

Ancien Testament
Jézabel : *1 R* 16, 31 ; 18, 4.13 ; 19, 1-2 ; 21 ; *2 R* 9
Femme + Soleil et Lune :
Ct 6, 10
Fiancée/Épouse
(Jérusalem)
Is 61, 10 ; 62, 5 ; *Jr* 16, 9 ?

qui la soutient (la lune) évoquent la splendeur de la bien-aimée du *Cantique des cantiques*. L'exégèse juive traditionnelle a pratiquement toujours interprété la figure féminine du *Cantique* comme un symbole du peuple. Il semble bien que c'est aussi dans ce sens que Jean l'interprète, avec la mention des « douze étoiles », de l'enfantement douloureux d'un « fils mâle » qui n'est autre que le Messie, et de l'image de l'aigle protecteur qui emporte la femme au désert. L'exégèse catholique a vu elle aussi dans la Femme du chapitre 12 un symbole de l'Église peuple de Dieu et parfois de Marie, mère du Messie et modèle des croyants.

La troisième femme, quant à elle, fait l'objet d'un développement particulier au chapitre 17 : elle apparaît sous les traits de « la Prostituée » et l'auteur nous dévoile son mystère profond en la surnommant « Babylone la grande, la mère des prostituées et des abominations de la terre ». Si ses attributs font étalage d'une certaine richesse – elle est « parée d'or, de pierres précieuses et de perles » –, Jean retient surtout sa fureur sanguinaire : « Je vis la femme ivre du sang des saints et du sang des témoins de Jésus. »

Enfin, la quatrième figure féminine, la Fiancée/Épouse (chapitres 21-22) est aux antipodes de la troisième. Alors que la Prostituée était pourvue d'atours aguichants et maculée du sang des martyrs et de ses innombrables abominations, la Fiancée/Épouse est déclarée « sainte » et « parée pour son époux ». Surtout, la Prostituée est identifiée à Babylone/Rome et vouée à la ruine et aux lamentations sans fin (chapitre 18), tandis que la Fiancée/Épouse de l'Agneau n'est nulle autre que la Jérusalem nouvelle, cité de tous les bonheurs et affranchie de tout chant funèbre.

Guerre (9/18) et Guerroyer (6/7)

De tous les auteurs du Nouveau Testament, c'est manifestement Jean qui s'intéresse le plus explicitement au thème de la guerre (*polemos* ainsi que le verbe de la même racine, *polemein*). Contrairement à l'Ancien Testament, le Nouveau est demeuré fort discret sur ce thème. Le mot *polemos* n'apparaît que quatre fois dans les évangiles, dont trois dans une même déclaration de Jésus sur la fin des temps, rapportée par Marc, Matthieu et Luc. Le seul autre emploi dans les évangiles se trouve dans une parabole de Jésus qui, à partir de l'exemple d'un roi désireux de partir en guerre, invite ses auditeurs à bien mesurer l'effort qui sera requis pour devenir disciple. Quant au verbe, il n'est employé qu'une fois en dehors de l'*Apocalypse* et s'applique davantage aux litiges interpersonnels qu'à la guerre proprement dite.

Il n'y a en fin de compte qu'une seule guerre qui retienne l'attention de Jean, mais elle prend des proportions titanesques, pour ce qui est des enjeux et des acteurs impliqués. La guerre, dont il est question ici, a bel et bien des dimensions historiques et terrestres. Elle est menée, en effet, « sur la terre » contre « le reste de la descendance » de la Femme, « ceux-là qui gardent les commandements de Dieu et qui ont le témoignage de Jésus ». Cette guerre correspond sans doute aux persécutions menées contre les chrétiens par les empereurs romains, à partir de la deuxième moitié du Ier siècle, à l'initiative principalement de Néron et de Domitien.

Mais au-delà des belligérants et des victimes historiques – les martyrs –, la guerre se joue à un niveau supérieur et céleste. Cette guerre ne commence, à proprement parler, qu'au chapitre 12 et se joue dans la sphère céleste : « Survint une guerre au ciel. Michel et ses messagers firent la guerre. » Or, sitôt la guerre déclenchée, l'issue nous est révélée par Jean : « mais il ne fut pas de force [...] Il fut jeté, le Dragon, le grand, l'antique Serpent qu'on appelle le Diviseur (*diabolos*). »

Apocalypse
Guerre : 9, 7.9 ; 11, 7 ; 12, 7.17 ; 13, 7 ; 16, 14 ; 19, 19 ; 20, 8
Guerroyer : 2, 16 ; 12, 7 ; 13, 4 ; 17, 14; 19, 11
Armée : 9, 16 ; 19, 14.19

Ailleurs
Nouveau Testament
Mt 24, 6 ; *Mc* 13, 7 ; *Lc* 14, 31 ; 21, 39 ; *Jc* 4, 2
Ancien Testament
Guerre eschatologique : *Éz* 38–39

Pourtant, la guerre reprend de plus belle au chapitre suivant (chapitre 13). Menée cette fois par la Bête surgie de la mer, mais toujours en vertu d'un pouvoir reçu du Dragon, elle donne lieu à une certaine victoire de la Bête par rapport aux « saints ». Cette victoire n'est toutefois que passagère : ni le Dragon ni la Bête ni leur milice respective ne peuvent faire le poids devant le champion de l'autre camp : « Ceux-là feront la guerre à l'agneau, mais l'agneau les vaincra. »

Même là, la victoire du Christ Agneau n'est pas définitive, et il faut attendre les chapitres 19–20 pour l'ultime affrontement : « Je vis la Bête et les rois de la terre et leurs armés rassemblés pour faire la guerre au cavalier et à ses armées. » Le cavalier en question « s'appelle la Parole de Dieu ». Le tout se conclut dans un carnage qui détonne par rapport au reste du Nouveau Testament et se solde par la déroute totale du Dragon, des deux Bêtes et des rois de la terre, tous engloutis « dans l'étang de feu et de souffre ».

Jérusalem (3/139)

Si on s'en tenait aux seules données statistiques, Jérusalem n'aurait pas à figurer dans le présent abécédaire des symboles. Mais même avec un nombre minimal de références, Jean se démarque une fois de plus par une très grande originalité. Tout d'abord, il est le seul auteur du Nouveau Testament à qualifier Jérusalem de « nouvelle » et de « sainte » et à la décrire comme « descendant du ciel ». Mais plus important encore : on chercherait en vain dans tout le Nouveau Testament, une description de la ville qui ait l'ampleur et le souffle de celle que Jean nous livre aux chapitres 21–22 de son *Apocalypse*.

Au vu des qualificatifs employés par Jean, on doit dire que sa Jérusalem est idéalisée à souhait. Ses mesures sont absolument parfaites (largeur, longueur et hauteur sont égales à 12 000 stades). Parfaits aussi ses remparts par leur solidité (épaisseur) et leur étendue (ils mesurent 144 coudées). La liberté d'accès à ses portes est optimale : elles sont au nombre de douze et sont réparties aux quatre points cardinaux. Le caractère idéalisé de la cité ressort très fortement de l'usage du chiffre douze et de ses multiples : la cité sainte est destinée à accueillir la totalité du peuple de Dieu.

La ville sainte décrite par Jean est également objet de métaphores éblouissantes, qui n'ont d'équivalents dans toute la Bible que celles utilisées par Isaïe (chapitres 65–66) et par Ézéchiel (chapitres 47–48). Jean la présente tour à tour comme « fiancée parée pour son époux », « tente de Dieu avec les hommes », « l'épouse, la femme de l'Agneau ». Éblouissante, la cité sainte l'est éminemment pour Jean, puisqu'elle « n'a nul besoin que le soleil et la lune brillent sur elle ; la gloire de Dieu l'illumine, et sa lampe, c'est l'Agneau ». En accord avec les plus vives espérances des prophètes et des psalmistes de la première Alliance, Jean entrevoit aussi Jérusalem comme « lumière » vers laquelle convergent les nations et les rois de la terre.

La description que Jean fait de la gloire de Jérusalem est d'autant plus saisissante qu'il l'a voulue en contrepoint de celle qu'il fait aux chapitres 17–18 de la déchéance et de la ruine de Babylone (Rome). Jean qualifiait Babylone de « prostituée » parée d'atours aguichants, mais souillés, et de « refuge de démons ». Le voilà maintenant qui présente Jérusalem comme « l'épouse, la femme de l'Agneau », resplendissante de la gloire de Dieu et « tente de Dieu avec les hommes ». La destruction de Babylone ne pouvait susciter que pleurs, lamentations et chants de deuil, tandis que la nouvelle Jérusalem est libérée de toute larme, deuil et souffrance. Tout y est désormais réjouissance pour « ceux qui sont appelés au repas de noce de l'Agneau ».

Apocalypse
3,12 ; 21, 2.10

Ancien Testament
Jérusalem nouvelle :
Is 65–66 ; *Éz* 47–48

Lampadaire (7/12)

Dans le Nouveau Testament, seuls les évangiles utilisent le mot « lampadaire » *(lychnia)* dans un sens domestique. Les quatre emplois du mot en *Matthieu*, *Marc* et *Luc* se retrouvent dans un même adage de Jésus, et toujours en compagnie du mot de la même racine, *lychnos* (lampe). On comprend alors que ce mot ne désigne pas la lampe elle-même, mais son support.

Hormis les sept emplois du mot *lychnia* dans l'*Apocalypse*, il ne s'en trouve plus qu'un, dans la lettre aux *Hébreux*. Ce texte, qui abonde en références relatives au sacerdoce et au culte de la première Alliance, utilise le mot dans son sens proprement liturgique, comme pièce appartenant au mobilier du sanctuaire : « Une première tente [...] nommée le Saint, avait été aménagée, où l'on trouvait le chandelier (*lychnia*), la table et l'exposition des pains. »

Un tel usage s'avère en parfaite continuité avec celui de la Septante qui avait choisi le mot *lychnia* pour rendre le mot *menorah*, ce mot célèbre désignant le chandelier à sept branches (*Exode*, *Lévitique* et *Nombres* principalement), qui constituait avec l'arche d'alliance et la table des pains le mobilier principal du sanctuaire.

Avec ses sept emplois du mot – presque tous situés en ouverture du livre (vision inaugurale du Christ et message à l'église d'Éphèse) –, Jean s'inscrit manifestement dans un tel contexte liturgique. Il s'en distingue toutefois par l'utilisation symbolique qu'il fait du mot et de la réalité qu'il désigne. Jean l'utilise d'emblée comme un symbole ecclésial : « les sept lampadaires *sont* les sept Églises ». Or, six des sept emplois se trouvent dans les deux premiers chapitres (vision inaugurale du Christ et message à la première et la plus importante des sept Églises, Éphèse). C'est d'ailleurs cette Église qui se fait rappeler par son Seigneur que sa survie est conditionnelle à sa conversion : « Fais retour, reprends tes premières œuvres ; sinon je viens contre toi et j'ôterai ton lampadaire de son lieu. » Jean emploie le mot une dernière fois au chapitre 11 pour l'appliquer aux deux témoins, eux-mêmes figures emblématiques de la mission prophétique de l'Église.

Apocalypse
Lampadaire : 1, 12.13.20 ; 2, 1.5 ; 11, 4

Ailleurs Nouveau Testament
Mt 5, 15 ; *Mc* 4, 21 ; *Lc* 8, 16 ; 11, 33 ; *Hb* 9, 2

Ancien Testament
Ex 25, 31-34 ; 35, 14-16; *Nb* 8, 2-4 ; *1 R* 7, 35

Le choix du « lampadaire » comme symbole des Églises peut surprendre. Mais, comme il a été dit plus haut (voir le mot *Église/Communauté*), Jean rappelle ainsi aux communautés leur vocation à devenir « lumière du monde ». D'autre part, la connotation fortement liturgique du symbole choisi par Jean convient parfaitement puisque, avec toutes ses hymnes, ses invocations, ses amen, ses alléluias, ses processions et ses séances d'adoration, l'*Apocalypse* se présente comme une liturgie en pleine action. Il s'agit en fait de la liturgie chrétienne du Ier siècle la plus développée qui nous soit parvenue sous forme écrite.

Livre (23/34)

Plus que tout autre auteur du Nouveau Testament, Jean porte intérêt au livre comme objet physique et comme contenu. En plus de revendiquer le plus grand nombre d'emplois du mot *biblion* (volume), il est le seul à employer un diminutif de ce mot (*biblaridion*, petit volume). Jean connaît aussi l'autre forme du mot, *biblos*, peu usitée par ailleurs dans le reste du Nouveau Testament (huit fois seulement). De tous les auteurs du Nouveau Testament, seuls les évangélistes Matthieu et Jean ainsi que l'auteur de l'*Apocalypse* utilisent l'un de ces trois mots pour désigner leur propre ouvrage.

Le rapport au livre est tout à fait particulier chez l'auteur de l'*Apocalypse* et présente plus d'une exclusivité par rapport au Nouveau Testament. Tout d'abord, Jean est le seul à écrire sur le coup d'un ordre reçu du ciel, et la notice éditoriale placée à la fin de son ouvrage est un cas unique : Jean revendique un statut prophétique pour son œuvre et réclame de ses lecteurs le respect de l'intégralité du livre qu'il a écrit. Nul autre que lui, par ailleurs, ne fait référence à un quelconque « livre de la vie », un concept que Jean semble avoir hérité du judaïsme ancien, et en particulier des apocalypses juives, où ce genre de livre est relatif au jugement final : inscription des justes et de leurs œuvres ou registre des œuvres de chacun, bonnes et mauvaises. Enfin, émule en cela du prophète Ézéchiel (*Éz* 2, 8–3, 3), Jean reçoit l'invitation de manger le *petit livre ouvert* que lui présente un ange « puissant » (chapitre 10). Ce petit livre a d'abord goût de miel dans la bouche de Jean, avant de devenir amer, une fois assimilé. Il y a là une image forte de la parole prophétique, source à la fois de ravissement et exigence de conversion.

Apocalypse

Jean et son œuvre : 1, 11 ; 22, 9-19
Livre (volume) : 1, 11 ; chapitre 5 ; chapitre 10 ; 22, 9-19
Petit livre : 7, 4-8 ; 14, 1.3 ; 21
Livre (volume) de la vie : 3, 5 ; 13, 8 ; 17, 8 ; 20, 5.12; 21, 27

Ailleurs Nouveau Testament

Œuvre d'un évangéliste : *Mt* 1, 1 ; *Jn* 20, 30

C'est toutefois un autre livre qui s'impose davantage à l'attention des lecteurs de l'*Apocalypse* (chapitre 5) : « volume écrit au recto et au verso, scellé de sept sceaux ». La seule vue de ce livre, jugé illisible, ne peut susciter que désolation chez Jean. Mais la tension est aussitôt apaisée, dès lors qu'on apprend que l'Agneau est jugé « digne [...] de recevoir le volume et d'en briser les sceaux », une image des plus fortes pour indiquer que le Christ éclaire l'ensemble des Écritures.

Mer (26/91)

L'*Apocalypse* revendique ici aussi le plus haut total du Nouveau Testament pour le mot *thalassa* (*mer*). Les évangiles font un usage régional de ce mot, en l'employant surtout pour désigner le « lac » de Galilée, tandis que l'*Apocalypse* met plutôt en relief la dimension proprement cosmique de la mer, en l'associant régulièrement au mot « terre ».

Dans l'Ancien Testament, le rapport à la mer est ambivalent. Créée et bénie par Dieu au cinquième jour, la mer est confiée, avec l'ensemble de ses ressources, à la gestion humaine. Elle est source abondante de vie et de nourriture. Mais ses flots sont redoutés et ses profondeurs abyssales cachent des monstres formidables et des esprits maléfiques. Il faut la puissance divine pour maîtriser la fureur de ses flots et combattre les assauts du monstre primordial, appelé tantôt Léviathan, tantôt Rahab. L'ambivalence de la mer trouve son expression la plus éclatante dans la saga de l'*Exode*, où la mer Rouge est synonyme de salut pour les Israélites et de perdition pour les Égyptiens.

La face sinistre de la mer trouve, chez Jean, son illustration la plus éloquente aux chapitres 12–13 : c'est sur le rivage de la mer que le Dragon se tient en attente de l'arrivée de ses agents. C'est aussi « de la mer » que surgit la première et la plus féroce des deux Bêtes.

Pour Jean, la dyade « terre-mer » désigne l'ensemble de l'univers « terrestre », et les phénomènes qui les affectent ont une incidence sur tous. La triade « ciel-terre-mer » a une portée encore plus vaste, puisqu'elle englobe les trois grandes composantes de l'univers créé.

Bien que Jean parle de la mer surtout de façon métaphorique, il s'avère excellent connaisseur de la vie maritime de son temps. La complainte des marins sur la chute de Babylone (chapitre 18) traduit en effet une connaissance remarquable du trafic et du commerce maritimes menés par Rome au Ier siècle de notre ère.

Mais la métaphore demeure bien présente tout au long du livre. Jean imagine, à proximité du trône de Dieu, quelque chose « comme une mer de verre transparent », aux abords de laquelle les vainqueurs de

Apocalypse

Mer-Terre : 7, 1-3 ; 10, 2-8 ; 10, 8 ; 12, 12 ; 21, 1
Ciel-Terre-Mer : 5, 13 ; 10, 6 ; 12, 12
Mer céleste : 4, 6 ; 15, 2
Dragon et Bête : 12, 12 ; 13, 1
Mer et marins : 18, 17.19.21
Disparition de la mer : 21, 1

Ancien Testament

Source de vie : *Gn* 1, 20-23.28 ; *Ps* 104, 25
Monstres marins : *Léviathan* : *Is* 27, 1 ; *Ps* 74, 14 ; Jb 3, 8 ; 41, 1
Rahab : *Is* 51, 9 ; *Ps* 89, 10 ; *Jb*, 26, 12
Passage de la mer Rouge : *Ex* 14–15

la Bête se dressent pour se joindre à la liturgie céleste. Une fois que la Mort et les Enfers auront rendu leurs morts, la mer disparaîtra à son tour et n'aura plus sa raison d'être dans la nouvelle création.

Michel [Micha'el] (1/2)

La carrière biblique de l'ange Michel est relativement discrète puisque son nom n'apparaît que quatre fois dans toute la Bible : trois fois dans l'Ancien Testament (toutes trois dans le livre tardif de *Daniel*), et deux fois dans le Nouveau (*Apocalypse* et lettre de *Jude*). Jude demeure le seul auteur biblique à l'appeler « archange ». En revanche, la figure de Michel prend de plus en plus de place dans les récits apocryphes, juifs et chrétiens, et notamment dans les ouvrages à forte consonance apocalyptique.

Chez Daniel, Michel est présenté comme un « chef » et un combattant qui vient en aide au peuple élu dans sa lutte contre les ennemis du moment, les Perses et les Grecs. Un peu plus loin, Daniel présente Michel comme « le grand prince » qui veille sur le peuple de Dieu en temps de crise et d'épreuve.

Malgré l'extrême sobriété des textes bibliques, la figure de Michel jouit d'un statut particulier dans le monde angélique, ne fût-ce que par son nom hébreu, dont la signification est on ne peut plus riche. Le nom hébreu *Micha'el* veut dire « Qui (est) comme Dieu ? ». Même dans sa forme interrogative, il équivaut à une véritable profession de foi au Dieu unique. Il redit à sa manière le tout premier article de la foi biblique, décliné sous une multitude de formes à travers toute la Bible : « Nul n'est comme Dieu » ; « Nul n'est comme toi », ou encore « Notre Dieu est le seul Seigneur ».

Jean, qui connaît fort bien le livre de *Daniel* au point d'en avoir fait sa source favorite, a su rendre cette double facette du Michel décrit par Daniel. D'une part, il en fait le protecteur/défenseur attitré du nouveau peuple de Dieu (l'Église) dans le combat qu'il doit livrer contre le Dragon et ses acolytes. L'iconographie et la légende chrétienne sur saint Michel combattant le Dragon sont largement tributaires de cette image forte créée par Jean.

D'un autre point de vue, en faisant appel à la figure de Michel plutôt que de tout autre ange, Jean réfute d'avance les bravades des adorateurs de la Bête. Ceux-là professent en effet un credo aux antipodes de celui de la Bible. Ils invoquent suprématie et invincibilité pour la Bête : « Qui est pareil à la Bête et qui peut lui faire la guerre ? » En faisant appel à la figure de Michel, Jean réaffirme donc, de façon originale et sans compromis possible, le cœur de la foi en un Dieu unique et incomparable.

Apocalypse
12, 7

Ailleurs
Nouveau Testament
Jude 9

Ancien Testament :
Dn 10, 13.21 ; 12, 1
Dieu unique :
Ex 15, 11 ; *Nb* 24, 23 ; *Dt* 3, 24 ; *Jr* 50, 44 ; *Ps* 86, 28

Mille (19/23) et Milliers (10/11)

Lorsqu'elle parle « chiffres », la Bible ne fait pas que les arrondir : elle a nettement tendance à les amplifier ou à leur donner une valeur symbolique plutôt que proprement statistique. C'est particulièrement vrai dans le cas des milliers. Quelques exemples célèbres suffiront pour illustrer le caractère manifestement hyperbolique des chiffres avancés par la Bible.

Avec une estimation du nombre des Hébreux sortis d'Égypte à « environ 630 000 fantassins, les hommes sans compter les enfants [et les femmes alors ?] » (*Ex* 12, 37), on nage en pleine hyperbole.

> *Apocalypse*
> Mille :
> 11, 3 ; 12, 6 ; 20, 2-7
> Milliers :
> 7, 4-8 ; 14, 1.3 ; 21, 16
> Dizaines de milliers (*myriades*) :
> 5, 11 ; 9, 16

La remarque vaut aussi pour le recensement dont fait état le livre des *Nombres*, qui aboutit lui aussi à un total au-delà de 600 000 – 603 550 pour être exact (*Nb* 1, 46) – pour les seuls effectifs de l'armée d'Israël au désert du Sinaï (hommes de 20 ans et plus).

À une échelle moindre, mais tout de même à l'enseigne de l'amplification légendaire, on peut aussi ranger les « milliers » et « myriades » (dizaines de milliers) de Philistins qui auraient été tués par Saül et par David (*1 S* 18, 7). Même chose pour les « trois mille proverbes » que Salomon aurait *prononcés* (*1 R* 5, 12). Comme quoi le proverbe, moderne celui-là, dit juste : « On ne prête qu'aux riches. »

Bref, les « mille » et « milliers » de la Bible désignent en général un très grand nombre, mais aux contours imprécis, indéfinis et non un chiffre strictement comptabilisé.

Il en va de même dans l'*Apocalypse*. Qu'il s'agisse du nombre des « marqués » du sceau (chapitre 7, 12 000 de chaque tribu d'Israël, pour un total de 144 000), du règne des « mille ans » (chapitre 20) ou encore des dimensions de la Jérusalem nouvelle (« douze mille stades »), on comprendra facilement qu'il s'agit de chiffres idéalisés pour indiquer respectivement un nombre quasi infini, des dimensions parfaites et une durée indéfinie.

Mort (19/120)

Les dix-neuf emplois du mot *thanatos* dans l'*Apocalypse* représentent le deuxième plus haut total du Nouveau Testament, après la lettre aux *Romains* (vingt-trois emplois). Les propos de Jean sur la mort s'avèrent d'ailleurs très proches de ceux de Paul aux Romains. On trouve chez l'un et l'autre une quasi-personnification de la mort et tous deux la considèrent comme l'ennemie ultime du Christ.

Le message adressé à l'Église de Smyrne rappelle à l'ensemble des communautés qu'elles seront menacées d'emprisonnement et soumises à rude épreuve quand elles auront à témoigner du Christ. La double consigne qu'elles reçoivent de celui-là même « qui fut mort et qui vit » est de bannir toute peur et de lui demeurer fidèles « jusqu'à la mort ». Il n'est pas étonnant dès lors que le Christ, qui s'était présenté dans la vision inaugurale comme détenant « les clefs de la mort et de l'Hadès », promette au vainqueur de lui épargner « la seconde mort » – cette mort spirituelle et sans retour – et de lui donner « la couronne de vie ».

De tous les fléaux évoqués dans les trois septénaires (sceaux, trompettes et coupes), la mort est de loin celui qui occupe la plus grande place et fait le plus de ravages. C'est d'ailleurs le seul fléau qui soit récurrent dans les trois septénaires (4e sceau, 5e et 6e trompettes et presque toutes les coupes). Pas étonnant dès lors que le quatrième et dernier cavalier se voit décerner par Jean le funeste surnom de « *ho thanatos* : *la* Mort » et que ce cavalier entraîne dans son sillage « l'Hadès », pays du séjour des morts. On retrouvera le couple « Mort-Hadès » à la toute fin du chapitre 20, mais cette fois pour annoncer leur engloutissement et leur disparition définitive dans « l'étang de feu ». C'est, pourrait-on dire, la mort de la mort, l'aube d'un jour de réjouissance sans fin : « Il essuiera toute larme de leurs yeux, la mort ne sera plus ; deuil, cri, douleur désormais ne seront plus ».

Apocalypse
Fléau :
6, 8 ; 9, 6.18 ; 16
Seconde mort :
2, 11 ; 20, 6.14 ; 21, 8
Fidélité des martyrs :
2, 10 ; 12, 11
Victoire du Christ :
1, 5.18 ; 2, 8
« Mort de la mort » :
20, 13-14 ; 21, 4

Ailleurs
Nouveau Testament
Ennemi ultime du Christ :
1 Co 15, 26.54-55

Pierre [précieuse] (5/6)

Le visionnaire de Patmos, que d'aucuns croiraient détaché de la réalité, fait montre d'une expertise unique en matière de pierres précieuses. Aucune des douze pierres précieuses de la liste qu'il dresse au chapitre 21 n'est mentionnée, pour ce qui est du Nouveau

Apocalypse
17, 4 ; 18, 12.16 ; 21, 11-20

Ailleurs
Nouveau Testament
1 Co 3, 12

Testament, en dehors de l'*Apocalypse*. La liste de Jean donne, dans l'ordre, les douze noms suivants : jaspe, saphir, calcédoine, émeraude, sardonyx, sardoine, cornaline, chrysolithe, béryl, topaze, chrysoprase, hyacinthe, améthyste.

L'expression « pierre précieuse » (*lithos timios*), quant à elle, est non moins typique de l'*Apocalypse* : on l'y retrouve cinq fois, contre une seule dans le reste du Nouveau Testament. En revanche, elle est attestée quatorze fois dans l'Ancien Testament.

C'est toutefois vers le texte d'*Ex* 28, 16-21 qu'il faut se tourner pour comprendre la symbolique des douze pierres précieuses évoquées par Jean. Ce passage du livre de l'*Exode* rapporte les consignes données à Moïse pour la fabrication du pectoral du grand prêtre. Selon les instructions divines, le pectoral devait être serti de douze pierres précieuses, assorties du nom des douze tribus d'Israël. Tout cela pour rappeler que le grand prêtre doit officier au nom du peuple et intercéder en sa faveur.

Même si la liste de Jean ne coïncide pas entièrement avec celle de l'*Exode* (huit sur douze seulement !), la symbolique, elle, joue à plein, puisque dans le contexte immédiat de son chapitre 21, Jean évoque collectivement les noms des douze tribus d'Israël aussi bien que ceux des « douze apôtres de l'agneau ». Comme quoi la Jérusalem nouvelle devient le théâtre d'une nouvelle liturgie, œuvre d'un peuple idéal issu des deux Alliances, Israël et l'Église.

Prostitution (7/25)/ Se prostituer (5/18)/ Prostituée (5/12)

La prostitution, on s'en doute, est formellement interdite par la loi mosaïque et vertement réprouvée par les prophètes d'Israël. Mais, à l'évidence, la nécessité de légiférer et de réprouver fait foi de l'existence d'une telle pratique au sein même de l'Israël biblique. La prostitution sévit toujours à l'aube du Nouveau Testament et fait l'objet d'une condamnation sans appel de la part de Paul, alors qu'il adresse sa première lettre aux Corinthiens.

Très tôt dans l'histoire biblique, le vocabulaire de la prostitution s'est chargé d'un sens symbolique. Le livre des *Juges* en fait un synonyme d'idolâtrie : « les Israélites recommencèrent à se prostituer aux Baals [...] » Aux VIIIe et VIe siècles, les prophètes Osée et Ézéchiel dénoncent, avec une très grande sensibilité, les amours coupables de leur peuple qu'ils n'hésitent pas, eux non plus, à qualifier de prostitution.

C'est ce sens symbolique qui s'impose dans l'utilisation que Jean fait du vocabulaire de la prostitution. Il l'applique toutefois à deux groupes différents. D'une part, ce sont d'abord et avant tout la Prostituée (Babylone/Rome) et ses émules – les rois de la terre – qui sont critiqués pour une inconduite dont la nature n'est pas précisée. Mais tout porte à croire qu'elle est d'abord et avant tout de nature religieuse, puisque Jean l'associe à une usurpation blasphématoire de prérogatives divines.

Apocalypse

Prostituée : 17, 1.5.15-16 ; 19, 2
Se prostituer : 2, 14.20 ; 17, 2 ; 18, 3.9
Prostitution : 2, 21 ; 9, 21 ; 14, 8 ; 17, 2.4 ; 18, 3 ; 19, 2

Ailleurs Nouveau Testament

Inconduite sexuelle :
Mt 15, 19 ; *Mc* 7, 21 ; *1 Co* 6.13-18 ;
10, 8

Ancien Testament

Inconduite sexuelle
Interdiction :
Lv 19, 29 ; 21, 5-15
Réprobation :
Jr 5, 7 ; *Os* 4, 10-18
Idolâtrie
Jg 2, 17 ; 8, 33 ; *Os* 1–3 ;
Éz 16 ; 23

D'autre part, deux Églises (Pergame et Thyatire) se voient reprocher par le Christ de tolérer en leur sein la présence de gens qui sympathisent avec les enseignements respectifs de Balaam et de Jézabel. Ils risquent alors de « se prostituer » en acceptant de manger des viandes offertes aux idoles. La tentation était forte, puisque chacune des Églises d'Asie Mineure était confrontée à la présence d'une multitude de temples, de sanctuaires et de cultes.

Quatre (21/33)

[Ne sont pas comptabilisés ici les quatre servant d'unités dans un nombre plus élevé (ex. 24 ; 144000).]

La symbolique du chiffre quatre n'est pas difficile à établir, tellement elle est pour ainsi dire universelle : quatre points cardinaux, quatre coins de la terre, quatre éléments, quatre vents. Le chiffre quatre est, par excellence, le chiffre de l'univers et en particulier de l'univers habité, la terre. Sur le plan symbolique, ce qui se compte par quatre peut par conséquent indiquer un phénomène, un événement ou une réalité de dimension cosmique.

Par ordre d'apparition, on trouve dans le texte de l'*Apocalypse* les quatuors suivants : les animaux (les Vivants), les cavaliers, les anges protecteurs, les coins de la terre, les vents, les cornes de l'autel, et finalement les anges destructeurs.

De cet ensemble, c'est le quatuor des animaux qui retient davantage l'attention avec ses onze mentions. Mais que représentent-ils au juste ? Le symbolisme cosmique est d'autant plus fort ici que le chiffre est jumelé à un mot typique du vocabulaire de création, le neutre grec *zôon* : « créature vivante, animal ». Ils appartiennent à la terre, mais leurs ailes en font aussi des êtres célestes du genre des chérubins et des séraphins décrits chez les prophètes de l'Ancien Testament.

Manifestement, Jean emprunte l'image des quatre animaux au prophète Ézéchiel (chapitre 1) et la développe à sa guise et en harmonie avec son propos tout au long du livre. Il s'accorde cependant avec Ézéchiel pour faire des quatre animaux des êtres rattachés à la cour céleste et entièrement voués à la louange divine. Le premier de ces quatre animaux a un visage humain et les trois autres une face d'animal (lion, taureau, aigle). La tradition n'a pas tardé – dès la fin du IIe siècle avec le témoignage d'Irénée de Lyon – à appliquer cette image au quatuor des évangélistes. L'identification des quatre figures distinctes a cependant fluctué au cours des siècles, et c'est seulement sous l'influence de saint Jérôme que s'est imposée l'attribution de la figure humaine à Matthieu, de celle du lion à Marc, de celle du taureau à Luc et de celle de l'aigle à Jean. En revanche, un bon nombre d'interprétations anciennes ont vu dans le chiffre quatre un symbole de l'universalité de l'Évangile du Christ.

Apocalypse
Animaux (Vivants) :
4, 6.8 ; 5, 6.8.14 ; 7, 11 ; 14, 3 ; 19, 4
Cavaliers : 6, 1-5
Coins de la terre :
7, 1 ; 20, 8
Vents : 4, 1
Cornes de l'autel : 9, 13
Anges protecteurs : 7, 1-2
Anges destructeurs :
9, 14-15

Ancien Testament
Vivants (chérubins et séraphins)
Éz 1 ; 10 ; *Is* 6

Deuxième quatuor en importance : celui des chevaux et de leur cavalier respectif. Sans être chiffrés nommément, ils n'en coïncident pas moins avec les quatre premiers sceaux, et forment un véritable quatuor dont l'action aura une incidence significative sur la terre et ses habitants.

Roi (21/115)/ Royauté (9/162)/ Régner (7/21)

Le thème du royaume ou du règne – traductions les plus courantes du mot grec *basileia* – est au centre de la prédication, et en particulier des paraboles de Jésus, et il occupe donc une place de choix dans les évangiles synoptiques. Les paraboles, qui mettent en scène un roi (*basileus*) invitant aux noces de son fils ou confiant une mission pour ensuite demander des comptes, se veulent une représentation de Dieu. En revanche, Jésus ne s'applique jamais le titre à lui-même et se méfie de la ferveur populaire qui voudrait le proclamer roi. Par conséquent, les évangélistes n'évoquent la royauté de Jésus que très discrètement et de façon indirecte, comme dans le cas des présents qui lui sont offerts par les mages (or, encens et myrrhe) et dans celui des circonstances de sa sépulture (parfums précieux).

Le vocabulaire de la royauté est fort bien représenté dans l'*Apocalypse*. Aux trois mots évoqués dans le titre de la présente rubrique, il faudrait ajouter ceux qui désignent les insignes et emblèmes du pouvoir royal comme le sceptre, la couronne, le diadème, et bien entendu, le trône.

Sur cette question de la royauté, Jean se démarque de plusieurs façons du reste du Nouveau Testament. Il est de loin l'auteur qui s'intéresse le plus à la confrérie des « rois de la terre » (huit emplois, contre seulement deux pour le reste du Nouveau Testament). Ces derniers se montrent d'abord complices de la Bête et font la guerre à ses côtés dans un ultime combat contre le Christ. Mais par un heureux retournement de situation, ces mêmes rois de la terre se joignent à la procession des nations vers la Jérusalem nouvelle et rendent hommage à l'Agneau.

Par ailleurs, Jean est le seul auteur à donner au Christ le titre formel de « Roi des rois » et à revendiquer explicitement pour le Christ « la royauté du monde » : « La royauté du monde est advenue, la royauté de notre Seigneur et de son Christ, et il régnera pour les éternités des éternités. » On ne dira jamais trop la portée subversive d'une telle profession de foi, puisqu'elle survient à la toute fin du chapitre 11, juste avant les chapitres qui décriront les manigances de la Bête et sa soif insatiable pour le pouvoir. Dans le même sens, l'usage que Jean fait du mot « trône » est loin d'être neutre ou anodin. Il y a, d'un côté, le « trône » de Satan et de la Bête, et de l'autre, celui de Dieu et de l'Agneau. Mais le premier est carrément éclipsé par le second, la très grande majorité des emplois du mot « trône » étant au centre de liturgies célestes proclamant la royauté de Dieu et/ou celle du Christ.

En fin de compte, le verbe « régner » sert à décrire l'autre versant du Mystère pascal du Christ : après l'abaissement et l'humiliation dans la mort sur la Croix viennent l'exaltation et la glorification du Christ dans sa résurrection. C'est aussi dans ce sens, et non dans celui d'un quelconque privilège terrestre, qu'il faut comprendre au chapitre 20 le règne de mille ans que les martyrs sont appelés à partager avec le Christ.

Sceau (13/16)

Le sceau est garant d'autorité et d'authenticité. Mais sa fonction demeure ambivalente : il peut aussi bien servir à divulguer qu'à tenir secret.

L'Ancien Testament fait état de divers documents écrits d'intérêt public, officialisés par l'apposition d'un sceau : édits et lettres d'un roi, enseignement d'un prophète, contrat de mariage ou transaction commerciale. Daniel, considéré comme le « père des apocalypticiens » et dont le livre a largement inspiré celui de Jean, reçoit pour sa part la consigne de sceller le livre de ses révélations « jusqu'au temps de la fin ».

Apocalypse

Rois de la terre :
1, 5 ; 6, 15 ; 17, 2.18 ;
18, 3.9; 19, 19; 21, 24
Roi des rois :
17, 14 ; 19, 16
Agneau vainqueur :
12, 11 ; 17, 14
Agneau en gloire :
5, 6.12 ; 11, 15 ; 19, 6-7
Attributs royaux :
5, 6.13 ; 11, 15
Dignité royale des croyants :
1, 6 ; 5, 9 ; 20, 1-6

Ailleurs Nouveau Testament

Paraboles du Royaume :
Mt 13 ; *Mc* 4 ; *Lc* 8
Paraboles impliquant un roi :
Mt 18, 23-35 ; 22, 1-14 ;
Lc 19, 11-28
Jésus, roi ? :
Mt 2, 2 ; 27, 11 ; *Lc* 19, 38 ;
Jn 1, 49 ;
6, 15; 19, 3.14.1

On ne sera pas surpris d'apprendre que Jean puisse revendiquer les deux tiers des emplois dans le Nouveau Testament des mots *sphragis* et *sphragizô*, respectivement *sceau* et *sceller*. Non seulement la très

Apocalypse
Sceau du Dieu Vivant : 7, 2
Sept sceaux : 5, 1–6, 12
Livre scellé : 5, 1-2.5
Marqués du sceau : 7, 3-5.8

Ancien Testament
Documents écrits :
1 R 21, 8 ; *Est* 3, 8 ; 8, 10;
Is 8, 16 ; *Tb* 7, 13
Documents secrets :
Is 29, 11 ; *Dn* 12, 4

grande majorité de ces emplois est-elle concentrée dans les chapitres 5–7, mais on peut dire que l'intrigue de l'*Apocalypse* se noue et se dénoue autour des sceaux, avec deux images fortes : le Livre scellé et les 144 000 « marqués du sceau ».

La toute première apparition du mot « sceau » laisse en effet pressentir une impasse : le Livre divin est « scellé de sept sceaux », c'est-à-dire hermétiquement. Qui plus est, de l'aveu même de Jean, personne n'a pouvoir de les briser et de rendre ainsi possible la lecture de ce Livre. La tension est à son comble. Mais l'inattendu surgit, et du fond de sa désolation Jean apprend que « le Lion de la tribu de Juda », l'Agneau, brisera les sceaux et ouvrira le Livre. Désormais, l'impasse est dénouée, et de l'ouverture des sept sceaux du Livre découle tout le reste de l'*Apocalypse*. Les sept sceaux mènent aux sept trompettes, qui mènent aux sept coupes qui, elles, annoncent la fin : de Babylone, puis du Dragon, et enfin de l'Ancien Monde.

La deuxième image forte apparaît, elle aussi, au cœur d'une tension dramatique extrême. Alors que le chapitre 6 se termine sur une question qui laisse peu d'espoir sur la possibilité de survivre à la colère de Dieu, la seule application du « sceau du Dieu Vivant » devient garantie de salut pour le très grand nombre, symbolisé par les 144 000. Du même coup, Jean réduit à néant les espoirs de qui choisira plutôt de porter « la marque du nom » de la Bête.

Sept (55/88)

Le chiffre sept est, sans contredit, le chiffre par excellence de l'*Apocalypse*, non seulement en raison de la fréquence des occurrences, mais aussi pour son rôle structurant dans l'architecture du livre. En effet, les chapitres 2–3 comportent une série de messages adressés à chacune des sept Églises et bâtis sur un même modèle. Surtout, il faut se rendre à l'évidence que la section qui va des chapitres 6 à 16 est construite sur une succession, et à vrai dire un emboîtement, de trois septénaires (sceaux, trompettes et coupes), où chacun des sept éléments est dûment numéroté. À ces indices évidents, on peut aussi ajouter le fait que la toute première acclamation en l'honneur de l'agneau (chapitre 5) est scandée selon un rythme septénaire. La louange est ici portée à son summum, avec la mention des sept attributs suivants : « puissance et richesse et sagesse et force et honneur et gloire et bénédiction ».

S'il ne faut pas exclure que le « sept » puisse avoir parfois dans la Bible une valeur proprement numérique et factuelle, il n'en reste pas moins que, dans la majorité des cas, il est utilisé pour sa valeur symbolique. En bref, disons qu'il est principalement un chiffre de bon augure et qu'il sert en général à indiquer l'excellence, la plénitude, la perfection, ou dans une énumération, un souci d'exhaustivité. Si, toutefois, le contexte est négatif, on parlera alors de comble ou de paroxysme du mal ou du malheur.

De toute évidence, la Bible n'a pas inventé une telle valeur symbolique du chiffre sept. Les Sumériens et les Égyptiens en avaient fait, bien avant la Bible, un chiffre de bon augure en lien avec les phases de la lune d'une durée de sept jours. Plus tard les Grecs, Pythagore en tête, allaient l'associer au nombre des planètes connues.

Le symbolisme du chiffre sept apparaît en force dès la première page de la Bible (*Gn* 1), avec les sept jours de la création. Par la suite, les exemples abondent dans l'Ancien comme dans le Nouveau Testament. Pour l'Ancien,

Apocalypse
1, 4.7.12.16 ; 5, 1; 8, 2; 10, 3; 12, 3; 13, 1; 15, 1.7.8; 17. 9

Ancien Testament
Gn 1, 1–2, 4 ; 7, 2-3 ; 41, 2-3 ; *Ex* 12, 15 ; 37, 17-24 ; *Nb* 28.19 ; 29, 12 ; *Jos* 6 ; *Prov* 9 ; *2 M* 7

retenons parmi les plus connus : sept couples d'animaux accueillis dans l'arche de Noé, sept vaches grasses et sept vaches maigres dans le rêve de pharaon, sept agneaux offerts les jours de fête, sept jours de pèlerinage, sept jours de procession autour des murs de Jéricho, sept colonnes de la maison de la Sagesse, sept frères martyrs du *2e livre des Maccabées*. Pour le Nouveau Testament, et en dehors de l'*Apocalypse*, mentionnons : sept pains et sept poissons, sept paniers des restes de pain, septuple pardon quotidien, sept frères morts sans laisser d'enfant, sept démons de Marie-Madeleine, sept hommes choisis par les apôtres pour le service des tables.

L'*Apocalypse* est, après la *Genèse* et juste devant les *Nombres*, deuxième de toute la Bible, pour l'utilisation du chiffre sept. L'idée d'exhaustivité, de représentation idéale, de plénitude ou de perfection se retrouve entre autres dans les éléments suivants : Églises d'Asie Mineure, lampadaires, étoiles, esprits, sceaux, trompettes, tonnerres, cornes, yeux, anges, etc. Le comble du mal et du malheur s'exprime lui aussi à l'aide du chiffre sept, que Jean accole aux réalités suivantes : têtes du Dragon, de la Bête et de la Prostituée, derniers fléaux et anges qui les déclenchent, coupes de la colère divine.

Soleil (13/32) [Lune (4/9)]

Le soleil est l'astre qui retient le plus l'attention des auteurs du Nouveau Testament. La lune n'est mentionnée chez eux que très rarement et son sort n'est jamais considéré indépendamment de celui du soleil.

Apocalypse
Astre bienfaisant pour tous : Mt 5, 45
Orient (Soleil levant) : 7, 2 ; 16, 12
Resplendissement d'un être céleste : 1, 16 (Christ) ; 10, 1 et 19, 17 (ange) ; 12, 1 (femme)

Le soleil est, pour sa part, vu essentiellement comme un astre bienfaisant que Dieu fait luire pour tous, sans égard à leur rectitude morale. Son lever et son coucher rythment le cycle des jours et du temps et départagent les régions géographiques (Orient et Occident). Par l'ardeur et l'éclat de ses rayons, le soleil sert de métaphore pour exprimer la divinité de Jésus (Transfiguration), la splendeur des justes dans le Royaume, l'illumination de Paul sur le chemin de Damas et la résurrection des corps.

Mis à part les bouleversements de la fin, les effets néfastes du soleil sont évoqués dans la parabole de la semence qui pourra se dessécher sous l'effet de ses rayons. La lettre de *Jacques* reprend la même image et l'applique directement à la vie morale des chrétiens.

L'obscurcissement du soleil, partiel ou total, jumelé au changement de la lune en sang fait partie de l'imagerie apocalyptique classique. C'est cette même imagerie qu'on retrouve dans les discours de Jésus sur la fin (et de Pierre interprétant la Pentecôte comme l'avènement des derniers temps [*Ac* 2, 20]). Il était donc tout à fait naturel pour Jean de l'intégrer à ses propres visions concernant la fin.

Jean fait sienne aussi la métaphore du soleil pour décrire la gloire du Christ et celle de deux anges porteurs de bonnes nouvelles, ainsi que la splendeur de la Femme/peuple de Dieu et de la Jérusalem nouvelle.

Selon la toute première page de la Bible (*Gn* 1, 14-19), ces deux grands luminaires que sont le soleil et la lune avaient été créés au quatrième jour pour « régner » sur le jour et sur la nuit. Dans sa vision de la Jérusalem nouvelle, Jean déclare que leur présence n'est plus requise puisque, désormais et à jamais, « il n'y aura pas de nuit ». La cité n'a pour seule lumière que Dieu et l'Agneau.

Ailleurs Nouveau Testament

Moment du jour :
Mc 1, 32 ; 16, 2 ; *Lc* 4, 40
Effets néfastes :
Mt 13, 6
Gloire : *Mt* 13, 43 ; 17, 2 ;
Ac 26, 13 ; *1 Co* 15, 41

Ancien Testament

Soleil et lune :
Ja 1, 11

Apocalypse

Bouleversements cosmiques :
6, 12 ; 8, 12 ; 16, 8
Dieu et l'Agneau illuminent la Jérusalem céleste :
21, 23 ; 22, 5

Ailleurs Nouveau Testament

Mt 24, 29 ; *Mc* 13, 24 ;
Luc 21, 25

Ancien Testament

Is 13, 10 ; *Jl* 2, 10 ; 3, 4

Témoin (5/35)

Le vocabulaire grec du témoignage (témoin, témoigner, témoignage) tourne autour du radical *martyr-*. C'est en milieu chrétien, et sous l'influence de l'usage qu'en fait Jean dans l'*Apocalypse*, que ce vocabulaire grec est passé en latin et en français pour désigner le témoignage ultime de ceux et celles qui sont mis à mort pour leur foi.

Le premier témoin, dont il est question dans l'*Apocalypse*, est Jean lui-même, et l'objet de son témoignage est double : la parole de Dieu et le Christ. Bien que rien dans son livre ni dans la tradition chrétienne primitive ne permette d'établir qu'il soit mort martyr, on n'oubliera pas que son témoignage lui a valu d'être persécuté, et sans doute, de souffrir l'exil et la captivité à Patmos.

Le deuxième par ordre d'apparition – mais de loin Témoin par excellence du livre – est Jésus Christ : « *le* Témoin, *le* crédible, *le* premier-né d'entre les morts ». S'il est beaucoup question du sang des martyrs chrétiens dans l'*Apocalypse*, il n'en reste pas moins que l'événement primordial qui y est attesté concerne la victoire de l'Agneau, acquise au prix fort de son sang.

Un troisième témoin nous est révélé dans le message adressé par le Christ à l'Église de Pergame. Il se nomme Antipas, il est membre de l'Église locale dans cette grande capitale administrative et culturelle qu'est Pergame. Il a été tué dans cette ville, « là où l'Adversaire habite ».

Tous les autres témoins demeurent anonymes : soit ils sont évoqués collectivement (« les témoins de Jésus »), soit ils ont une valeur emblématique. C'est le cas notoire des « deux témoins » du chapitre 11.

Si leur identité fait toujours l'objet de vives discussions chez les spécialistes, les traits sous lesquels ils sont décrits ne laissent planer aucun doute. Ils sont en effets présentés comme pouvant accomplir les exploits de Moïse et d'Élie. Or, il se trouve que, pour les évangélistes, ces deux noms réunis symbolisent à eux seuls « la Loi et les Prophètes », c'est-à-dire la première Alliance comme révélation et histoire du salut. S'agit-il, pour Jean, de figures individuelles (Pierre et Paul ? Étienne et Jacques ?), ou s'agit-il du témoignage global et collectif des chrétiens ? C'est sans doute cette dernière interprétation qui pose le moins de problèmes.

Apocalypse
Témoin :
1, 5 ; 2, 13 ; 3, 14 ; 11, 3 ; 17, 6
Témoigner (4/76) :
1, 2; 22, 16.18.20
Témoignage (9/37) :
1, 2.9; 6, 9; 11, 7; 12, 11.17

Temple (16/45)

Au moment où Jean écrit son *Apocalypse*, on peut penser qu'une bonne vingtaine d'années se sont écoulées depuis la destruction du temple de Jérusalem par les Romains, en l'an 70. Les plaies sont encore vives au sein du judaïsme qui s'affaire déjà à se redéfinir sur de nouvelles bases, puisque le Temple jouait un rôle identitaire primordial chez les Juifs. Les plaies ne s'étaient pas complètement refermées non plus au sein des premières communautés chrétiennes qui, selon le témoignage des *Actes des apôtres*, étaient demeurées assidues à la fréquentation du Temple.

C'est sur ce fond de double drame que doivent se comprendre les seize occurrences du mot « Temple » (*naos*) dans l'*Apocalypse*, qui représentent le plus haut total pour un livre du Nouveau Testament. Le Temple auquel Jean fait référence est tout, sauf physique et terrestre. En insistant ainsi sur sa dimension symbolique, Jean offre à ses lecteurs chrétiens une redéfinition du rapport au Temple.

> ***Apocalypse***
> Temple « dans le ciel » :
> 11, 19 ; 15, 5.6.8
> Temple adjacent au « trône de Dieu » :
> 7, 15 ; 16, 17
> Temple et « voix célestes » :
> 14, 15.17 ; 16, 1
> Temple de la Jérusalem nouvelle :
> 3, 12 ; 21, 22
> Temple-Communauté :
> 11, 1-2

La très grande majorité des références au Temple dans l'*Apocalypse* se trouvent à l'intérieur de visions dont l'horizon est proprement céleste : trône de Dieu et liturgie de gloire, théophanie spectaculaire, révélation angélique, sortie des sept anges détenteurs de sept coupes d'or, Jérusalem nouvelle où, désormais, « Dieu et l'Agneau » occupent toute la scène en lieu et place de l'ancien Temple.

La seule exception (11, 1-2) rapporterait l'ordre donné à Jean de « mesurer » le Temple et son autel et l'interdiction qui lui est faite, en revanche, de « mesurer » son parvis extérieur. Il y a là une allusion évidente à l'espace « temple », mais les commentateurs y voient un symbole des communautés chrétiennes. Ordre et interdiction de mesurer indiqueraient à la fois préservation ou protection divine et exposition réelle aux forces du mal. Le sens de cet épisode, qui sert d'intermède à la sixième trompette et aux fléaux qu'elle annonce, serait le même que celui de la vision des 144000 au chapitre 7. Cette vision faisait aussi office d'intermède après le sixième sceau et se voulait signe d'espérance et de salut pour la communauté de Jean.

Tonnerre (10/12)

Dans la Bible, le tonnerre est rarement considéré comme un simple phénomène météorologique. Avec d'autres éléments comme les éclairs, les tempêtes et les tremblements de terre, le tonnerre est presque toujours associé aux grandes théophanies (manifestions du divin) et aux scènes de jugement évoquant la colère de Dieu.

Dans l'Ancien Testament hébreu, le tonnerre se dit *qôl* – un mot dont le sens premier est « voix ». La tradition biblique et juive a tôt fait de voir dans le tonnerre la *voix de Dieu/du Seigneur* (*Ps* 29). Elle n'a toutefois pas inventé le concept, puisque le Dieu suprême du panthéon cananéen, Baal, était d'abord et avant tout seigneur de la tempête, du tonnerre et des éclairs.

Alors que le tonnerre est à peine mentionné par les auteurs du Nouveau Testament (deux fois seulement), il tient une place importante dans l'*Apocalypse* non seulement sur le plan des occurrences, mais aussi comme faisant partie d'un refrain qui sert à signaler des développements importants dans le récit de Jean.

La première mention du tonnerre dans l'*Apocalypse* ne fait pas que signaler une théophanie quelconque. Jean l'a délibérément inscrite au cœur de ce qu'on pourrait appeler la « théophanie des théophanies ». Non sans une virtuosité exceptionnelle dans un chapitre qui ne compte que onze versets (chapitre 4), Jean évoque tour à tour l'expérience du Sinaï (*Ex* 19–24), la vision du Dieu trois fois Saint d'Isaïe (*Is* 6) et celle du chariot de la Gloire divine chez Ézéchiel (*Éz* 1–3).

Le tonnerre qui résonne au chapitre 4 retentira de nouveau avec l'ouverture des sceaux, le retentissement des trompettes et le déversement des coupes (chapitres 6–16). Le tonnerre sert ainsi de prélude au jugement final de Dieu.

Toujours dans un contexte de théophanie, la dernière mention du tonnerre sert à qualifier l'ampleur et l'intensité de la salve d'alléluias qui célèbrent la victoire finale du Christ (chapitre 19).

Apocalypse
4, 5 ; 6, 1 ; 8, 5 ; 10, 3-4 ; 11, 19 ;
14, 2; 16, 18; 19, 6

Ailleurs Nouveau Testament
Mc 3, 17 ; *Jn* 12, 29

Ancien Testament
Théophanies :
Ex 19, 16 ; 20, 18
Jugement et colère de Dieu :
Ex 9, 23-34 ; *1 S* 12, 17-18 ; *Is* 29, 6

Trompette (6/11)

La trompette est évoquée dans la Bible – à l'exception de quelques psaumes et autres passages de nature liturgique – non pas tant pour ses propriétés musicales et orchestrales que pour son pouvoir d'alerte et de rassemblement. Dans l'Ancien Testament, l'usage de cet instrument marque le caractère public et solennel d'une annonce et préside au rassemblement du peuple : pour le combat (les fameuses trompettes de Jéricho) ou pour une convocation sacrée (l'alliance au Sinaï ou le jour du grand pardon).

Dans le Nouveau Testament, le son de la trompette est associé la plupart du temps au Jugement dernier et à la résurrection des morts, et ce sont les anges qui sont chargés de le faire entendre. Évidemment, les trompettes résonnent à pleine force dans les chapitres 8–11 de l'*Apocalypse*, connus précisément sous le nom de « septénaire des trompettes ». Tour à tour, sept anges embouchent leur trompette, les six premiers pour annoncer des fléaux, et le septième, au contraire, pour annoncer l'accomplissement du mystère de Dieu et l'avènement du règne de Dieu et de son Messie. Par ailleurs, les toutes premières visions reçues par Jean sont accompagnées et interprétées par une voix mystérieuse « telle une trompette », une indication du caractère public et urgent de leur contenu.

Apocalypse
Voix mystérieuse :
1, 10 ; 4, 1
Sept trompettes :
8, 6–9, 14 ; 11, 15

Ailleurs Nouveau Testament
Jugement dernier :
Mt 24, 31 ; *1 Co* 15, 52 ;
1 Th 4, 16

Ancien Testament
Convocation sacrée :
Ex 19, 13.16.19 ; *Lv* 23, 24 ;
25, 9
Appel au combat :
Jos 6, 5.8.13.20 ;
2 S 2, 28.
Musique liturgique :
Ps 150, 3
1 Ch 13, 8 ; *2 Ch* 26-28

Trône (47/62)

Qui dit trône, dit essentiellement royauté, et peut-être aussi, pouvoir judiciaire. Une fois de plus, l'*Apocalypse* se démarque de toute la Bible par l'intérêt que son auteur porte à ce que le trône peut représenter et à ce qui se passe tout autour. Non seulement le livre revendique-t-il les trois quarts des emplois du mot, mais le trône s'avère l'élément central – et aussi le plus constant – du décor de la cour céleste. Dieu est même défini comme étant « Celui qui siège sur le trône », un attribut qu'il ne partage qu'avec l'Agneau. Les rarissimes allusions de Jean à un trône terrestre visent à fustiger les prétentions au pouvoir de la Bête, que Jean estime purement et simplement illusoires, voire sataniques. « *Le* trône » demeure une figure emblématique de la majesté et de la souveraineté divines. Il est objet de liturgies savamment orchestrées et chorégraphiées, qui se déroulent tout autour et sont rehaussées par la présence de vingt-quatre Anciens dont le rôle principal est d'animer ces liturgies de gloire. L'aura qui enveloppe le trône est aux couleurs d'arc-en-ciel et de cristal, et c'est du trône que coule le fleuve aux eaux régénératrices jusqu'au cœur de la Jérusalem nouvelle.

Apocalypse
4, 2-10 ; 5, 1-13 ; 7, 9-17
Fleuve d'eau vive jaillissant du trône :
21, 1-5

Jean-Pierre PRÉVOST

Depuis une trentaine d'années, Jean-Pierre Prévost s'est consacré à diverses formes de communication de ses recherches dans le domaine biblique : enseignement universitaire, ateliers de formation en paroisse, conférences et retraites au Canada et à l'étranger (Europe, Asie, Amérique du Sud), émissions radiophoniques, chroniques dans des revues bibliques ou liturgiques, collaborations diverses sur Internet, organisation et animation de voyages en Israël et à Patmos.

Il a publié une douzaine d'ouvrages, dont la plupart ont été traduits en anglais, en espagnol, en italien, et certains en portugais, en grec moderne, en polonais et en tchèque. Il a été, de 1996 à 2001, l'un des artisans et codirecteurs de la *Nouvelle traduction de la Bible* (Bayard-Médiaspaul), et par la suite directeur du *Nouveau vocabulaire biblique* chez les mêmes éditeurs (2004) et codirecteur du *Guide de lecture et de prière des Psaumes* (Bayard, 2008). De janvier 2005 à juin 2010, il a été rédacteur en chef de la revue biblique américaine *God's Word Today.*

Ses travaux sur l'*Apocalypse* lui ont valu une reconnaissance internationale avec, notamment, la traduction et une large diffusion de son ouvrage *Pour lire l'Apocalypse* (Cerf-Novalis, 1991. Nouvelle édition en 2006) et des collaborations spéciales pour le compte des revues *Le Monde de la Bible, Supplément aux Cahiers Évangile, Bible Today* et *God's Word Today*. Il a participé à plusieurs documentaires, dont la série de douze émissions *L'Apocalypse*, coproduite par Archipel 33 et Arte France (2008), qui présente des entrevues avec une cinquantaine de chercheurs d'Europe, d'Amérique et d'Israël. Il signe ici son cinquième livre sur l'*Apocalypse*, fruit d'une fréquentation assidue et fervente du texte biblique et des nombreux commentaires qui lui sont consacrés.

Gabriel LANDRY

Originaire de Natashquan, Gabriel Landry est graphiste de formation. Dès son jeune âge, il s'intéresse à la peinture et remporte, à 16 ans, le prix du jury au concours régional de peinture de Sainte-Foy (Québec) : le peintre Francesco Iacurto était alors membre du jury. Œuvrant dans le domaine de la communication depuis 1972, il a toujours continué d'exercer son métier d'artiste peintre et il s'y consacre aujourd'hui de plus en plus. Au fil des ans, il a participé à de nombreuses expositions, tant individuelles que collectives, et remporté plusieurs prix.

Le travail pictural de Gabriel Landry aborde principalement des thématiques philosophiques, poétiques ou spirituelles, dans un style qu'il qualifie de « symbolisme cloisonniste ». L'approche symbolique lui permet des mises en scène picturales qui traduisent ses visions du monde par des moyens d'expression particuliers : chaque tableau contient, en ce sens, une petite histoire ouverte à de multiples interprétations. La méthode du cloisonnement, quant à elle, assure un équilibre des formes ainsi que la décomposition des figures par tranches, telles qu'utilisées dans un vitrail ou un prisme. Ses tableaux sont des huiles sur toiles pour lesquelles il emploie différentes tonalités de couleurs généralement appliquées en aplats.

Il présente dans cet ouvrage 22 tableaux inspirés des textes de l'*Apocalypse*. Si ce sujet semble présager une inévitable fin du monde, l'approche de Gabriel Landry tente plutôt une transposition picturale qui laisse place à un message d'espoir. En effet, l'utilisation du symbolisme cloisonniste permet des mises en scène ouvrant ici à une lecture inusitée des textes de la Bible, et par là même, à leur dédramatisation.

En explorant ainsi diverses thématiques, les tableaux de Gabriel Landry racontent des histoires, des allégories qui invitent le spectateur à s'y promener comme dans une auberge espagnole, y trouvant le message qu'il veut bien lui apporter.

Site Internet de Gabriel Landry : www.gabriellandry.com